DESPERATE DESERTS
BY ANITA GANERI

Text Copyright ⓒ Anita Ganeri, 2000
Illustrations Copyright ⓒ Mike Phillips, 2000
Translation Copyright ⓒ Gimm-Young Publishers, Inc., 2002
All right reserved.
This Korean edition is published by arrangement with
Scholastic Ltd., London through Eric Yang Agency, Seoul.

사막이 바싹바싹

1판 1쇄 인쇄 | 2002. 12. 11.
개정 1판 1쇄 발행 | 2019. 12. 5.

애니타 개너리 글 | 마이크 필립스 그림 | 오숙은 옮김

발행처 김영사 | 발행인 고세규
등록번호 제 406-2003-036호 | 등록일자 1979. 5. 17.
주소 경기도 파주시 문발로 197(우10881)
전화 마케팅부 031-955-3100 | 편집부 031-955-3113~20 | 팩스 031-955-3111

값은 표지에 있습니다.
ISBN 978-89-349-9853-2 74080
ISBN 978-89-349-9797-9 (세트)

좋은 독자가 좋은 책을 만듭니다. 김영사는 독자 여러분의 의견에 항상 귀 기울이고 있습니다.
독자의견전화 031-955-3139 | 전자우편 book@gimmyoung.com
홈페이지 www.gimmyoungjr.com | 어린이들의 책놀이터 cafe.naver.com/gimmyoungjr

이 책의 한국어판 저작권은 EYA(Eric Yang Agency)를 통한 Scholastic Limited사와의 독점
계약으로 ㈜김영사에 있습니다.
저작권법에 의해 한국 내에서 보호를 받는 저작물이므로 무단전재와 무단복제를 금합니다.

이 도서의 국립중앙도서관 출판시도서목록(CIP)은 서지정보유통지원시스템
홈페이지(http://seoji.nl.go.kr)와 국가자료공동목록시스템(http://www.nl.go.kr/kolisnet)에서
이용하실 수 있습니다. (CIP제어번호 : CIP2019031393)

어린이제품 안전특별법에 의한 표시사항

제품명 도서 제조년월일 2019년 12월 5일 제조사명 김영사 주소 10881 경기도 파주시 문발로 197
전화번호 031-955-3100 제조국명 대한민국 ⚠주의 책 모서리에 찍히거나 책장에 베이지 않게 조심하세요.

차례

들어가는 말	7
팀북투에 갔다오기	12
바싹 메마른 사막	25
움직이는 모래	45
혹 하나, 혹 둘?	66
고달픈 사막 생활	89
용감한 사막 여행	120
사막의 보물	142
위기의 사막	155
모래 같은 미래?	169

들어가는 말

지리. 지지리도 지겨운 지리란 도대체 뭘까? 지리 선생님 중에는 맞춤법도 잘 모르시면서 거창한 단어를 잔뜩 섞어가며 들어 보지도 못한 먼 나라의 이야기들을 중얼중얼 늘어놓는 분들이 더러 계시다. 혹시 여러분들의 지리 시간도 그렇지 않은지?

* 아주 큰 돌풍이 모래나 흙먼지 같은 것을 쌓아올린다는 얘기다. 사막에서 부는 바람은 모래를 불어 날려 커다란 모래 언덕을 만들 정도로 엄청나다.

** 정확히는 키질쿰. 중앙 아시아에 있는 투르키스탄 사막의 일부이다. 아까 맞춤법 얘기했었지?

* 아뿔싸! 잘못 들으면 지리 선생님 말투 같다. 우연히도 여러분은 끔찍하게 전문적인 사막 용어를 사용했다. 기버(gibber)란 자갈투성이 사막 평원을 뜻하거든. 다음 번에는 여러분이 숙제를 내도 되겠는걸.

다행스럽게도 지리라고 해서 전부 이처럼 지루한 것은 아니다. 재미가 이글이글 타오르는 내용들도 많다. 사막이 바로 그런 예이다. 횡설수설 지리 선생님 말씀을 귀담아 듣지 말자. 사막은 지리학에서도 가장 근사한 부분으로 손꼽히니까. 얼마나 근사한지 알아보기 위해 간단한 방법으로 여러분의 방을 사막으로 바꿔 보도록 할까?

먼저 여러분의 방에 들어가서 불이란 불은 다 켠다. 다음에는 난방 스위치를 최대한 높은 온도까지 올린다. 그러면 여러분의 방은 산뜻하고 환하며 뜨거워질 것이다. 진짜 사막과 거의

비슷하게. 그리고 모래와 자갈을 한두 트럭쯤 방바닥에 고루 쏟아 붓는다. 또 야자나무들을 보기 좋게 심어 놓는 것도 잊지 말자.(엄마가 가장 아끼시는 화분 몇 개를 갖다 놓아도 된다.) 그런 다음 정말 그럴듯한 사막을 만들고 싶다면 모래를 한쪽에 높이 쌓아 올려 거대한 모래 언덕을 만들면 된다.

축하한다! 여러분은 이제 여러분만의 사막을 갖게 되었다. 뭐, 그런 셈이다. 집안 어른들이 미친 사람처럼 끙끙대는 소리를 내기 시작하면 귀엽게 웃으면서 지리 숙제를 하는 중이라고 말씀드리면 된다. 그러면 아무 말씀 못 하신다.(다시 생각해 보니 먼저 허락을 받는 게 좋겠다.)

결국 이 책에서 말하려는 내용들은 바로 이런 것들이다.

달걀이 프라이가 될 만큼 화끈화끈 뜨겁고, 목말라서 미칠 만큼 바싹바싹 건조하고, 굉장히 따끔따끔한 주인공들로 가득한 곳, 사막은 정말이지 뜨거운 감자와 같다.『사막이 바싹바싹』에서는 다음과 같은 일들도 얼마든지 가능하다.

● 기온이 섭씨 58도까지 올라가므로 여러분의 뇌가 익어 버린다.

● 무시무시한 모래폭풍 때문에 해가 보이지 않는다.

● 개구리에서 물을 얻는 방법을 배운다.

● 전문 탐험가 샌디, 그리고 그의 충직한 낙타 카밀라와 함께 세계에서 가장 건조한 곳 사막에서 살아남는 법을 배운다.

이건 지금까지와는 전혀 다른 지리이다. 하지만 다음 장으로 넘어가기 전에 경고 한 마디! 어서 가서 물을 실컷 마셔둘 것. 괜찮다면 냉장고에 한참 들어갔다 나와도 좋다. 바싹바싹한 사막을 탐험하다 보면 굉장히 목이 마를 수도 있거든….

팀북투에 갔다오기

1824년 프랑스

한 갈색 더벅머리의 청년이 신문을 읽다가 놀랄만한 기사를 발견했다. 청년은 자기 눈을 의심하지 않을 수 없었다. 뭔가 착오가 있는 것이 분명했다. 그는 신문을 다시 한번 읽었다.

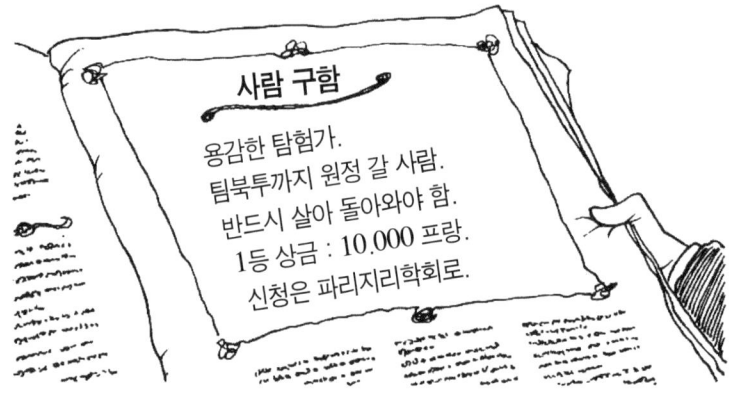

사람 구함

용감한 탐험가.
팀북투까지 원정 갈 사람.
반드시 살아 돌아와야 함.
1등 상금 : 10,000 프랑.
신청은 파리지리학회로.

청년의 등줄기에 짜릿한 전율이 흘렀다.

이 청년의 이름은 르네 카이예(René Caillié, 1799~1838). 그는 용감한 탐험가라고 하기에는 비쩍 마르고 몸도 약했다. 그러나 탐험가야말로 그가 가장 되고 싶어하던 것이었다. 파리에 정을 붙이지 못했던 르네는 세계를 돌아보고 싶었다. 세계에서도 특히 그 곳을. 르네는 그가 기억하는 한 아주 오래 전부터 집들이 금으로 만들어져 있다는 팀북투에 가는 것을 꿈꿔 왔었다.

그런데 딱 한 가지 사소한 문제가 있었다. 가슴 설레는 팀북투가 아프리카에 있다는 것. 게다가 아프리카에서도 사하라 사막 한가운데였다. 거기까지 간다는 건 상상도 못할 만큼 힘든 일일 것이다.

르네 카이예

용감한 탐험가

르네는 프랑스의 라 로슐에서 태어났다. 르네의 아버지는 빵 굽는 사람이었는데, 술을 너무 좋아한 나머지 결국 철창 신세를 졌다. 르네의 삶은 그 시작부터 썩 순탄한 편이 아니었고 갈수록 나빠지기만 했다.

얘기를 하자면 이렇다. 르네는 어려서 아버지와 어머니를 여의었고, 그 후 르네의 형제 자매들은 늙은 할머니 손에서 자라났다. 학교를 나온 뒤에 그는 구둣방에서 일하게 되었는데, 날마다 지각하기 일쑤였고 툭하면 사고를 쳤다. 그는 구두 짓는 일에 마음이 없었던 것이다. 그의 마음은 멀리 가 있었다… 아프리카에! 일이 끝나면 르네는 자기 방에 틀어박혀서 벽에 붙여 놓은 너덜너덜한 아프리카 지도를 꿈꾸듯 쳐다보았다.

얼마나 간절하게 아프리카에 가기를 꿈꾸었던가. 더구나 아프리카 하면 이상하게도 꼭 '사막'이나 '미지의'라는 단어가 떠오르는 것이었다. 그는 시간이 날 때마다 여행이나 모험에 관한 책을 미친 듯이 파고들었다. 그러니 그가 지각하는 것도 당연한 일이었다. 르네는 너무 열심히 책을 읽느라 종종 잠자는 것까지 잊어버렸다.(집에서는 이런 핑계가 통하지 않을걸.)

그런데 이제 그의 꿈이 이루어질 수도 있었다. 신문에 난 그 광고는 바로 그를 위한 것 같았다. 절대 놓칠 수 없는 기회였다. 파리지리학회 역시 팀북투에 엄청난 금이 있다는 소문을 듣던 터라 이번 계획으로 떼돈을 벌 수도 있겠다고 생각했던 것이다.

다른 누구보다 먼저 그곳에 관해 알아내야 했다. 미적거릴 시간이 없었다. 르네는 일생일대의 기회를 잡은 것이다….

1827~1828년, 아프리카 여러 곳을 가다

1827년 4월, 르네는 마침내 팀북투를 향해 출발했다. 사실 할머니의 축복을 받으며 아프리카에 온 지 벌써 몇 년이 지난 후였다.(할머니는 그가 찡그린 얼굴로 돌아다니지 않게 된다면 뭐든 해도 좋다고 하셨다.) 그러나 돈 없이는 아무 데도 갈 수 없었다.(그에게 있던 돈은 아프리카로 오는 데 다 써버렸거든.)

그는 공장에서 일하면서 봉급을 모두 저축했다. 또 틈틈이 아프리카 사막 원주민들의 말을 배우고 날마다 먼 길을 걸으면서 체력을 단련했다. 모든 준비가 거의 끝났다. 다만 한 가지 작은 (실은 커다란) 문제가 있었다. 당시 유럽인들은 팀북투에 들어가는 것이 금지되어 있었다. 이슬람교도들만 갈 수 있었던 것이다. 만약 붙잡히면 르네는 죽음을 당할 수도 있었다.(그런 일이 일어나서는 안 되지. 지리학회의 상을 차지하기 위해서는 팀북투에서 보고 들은 모든 것들을 낱낱이 보고해야 하니까.)

그래서 그가 마음을 바꿨을까? 천만에! 이렇게 멀리까지 왔는데 지금 와서 포기할 수는 없었다. 대신 르네는 교활한 계획을 생각해 냈다. 변장하기로 한 것이다…이슬람교도처럼. 펄럭이는 긴 옷을 입고 기다란 머리 장식을 써서 아무도 그의 얼굴을 못 알아보게 말이지!

'정말 머리도 좋지.' 하고 그는 혼잣말을 했다!(사실 누구한테도 말할 수가 없었지. 사람들이 그의 변장을 알아볼까 겁이 났거든. 철저하지!)

그는 이슬람교의 성서인 코란 속에 공책을 숨기고 다녔다. 그래서 그가 공책을 보고 있으면 사람들은 그가 기도한다고 생각하게 되었다. 만일 누가 그에게 왜 그렇게 이상한 억양을 쓰느냐고 물어오면 그는 이렇게 말하곤 했다. 어릴 때 유괴 당해서 프랑스로 끌려갔었다고. 그래서 지금은 고향인 이집트로 돌아가는 중이라고. 그렇지만 그것은 아주 길고 험한 모험의 일부일 뿐이었다.

1827년 4월 19일, 르네는 그 지역 주민 다섯 명, 노예 셋, 짐꾼 하나 그리고 길잡이와 그 길잡이의 아내와 함께 길을 떠났다. 참으로 고생스러운 여행길이었다. 날씨는 지독히도 더웠고 그 동안 온갖 훈련을 했음에도 그의 발은 부르터서 찢어졌다. 그는 파리가 들끓는 빽빽한 덤불 숲을 지나 가파른 산길을 올라갔고, 물살이 빠른 개울과 질척질척한 늪지를 지났다.

그는 하루에도 서너 번씩 길을 잃기 일쑤였고, 사람들에게 변장을 들킬 뻔한 적도 여러 번이었다. 엎친 데 덮친 격으로 계속 더 나쁜 일이 닥쳤다.

8월의 어느 날, 목적지의 절반 정도까지 갔을 때 르네는 아주 치명적인 열병에 걸려 몹시 앓게 되었다. 그리고 열병에서 겨우 회복되자마자, 또 무슨 일이 일어났을까? 이번에는 지독한 괴혈병에 걸려 쓰러지고 말았다. 얼마나 심했던지 입의 피부가 다 벗겨질 정도였다. 우엑!

그 후로 그는 제대로 먹지도 못하게 되었다.(괴혈병은 신선한 야채와 과일을 충분히 먹지 못해서 생기는 끔찍한 병이다—얘기는 많이 들었겠지!) 다행히 마음씨 좋은 한 마을 사람이 쌀뜨물과 약초를 먹여 가며 병이 낫도록 돌봐주었다.(이건 학교 급식보다 더 맛없겠는걸.)

씩씩한 르네는 병이 낫자마자 아직도 쓰라린 발을 이끌고 길을 떠났다. 그 여행의 마지막은 카누를 타고 나이저 강을 내려가는 것이었다. 아무도 그의 얼굴을 보지 못하게 돗자리 밑에 몸을 숨긴 채….

마침내 1828년 4월 20일, 해가 뉘엿뉘엿 질 무렵 용감한 르네 카이예는 꿈에 그리던 사막에, 그리고 목적지인 팀북투에 도착했다. 이제야 바라고 바라던 그의 꿈이 이루어진 것이다.

그런데 정말 그의 꿈이 이루어졌을까?

아프리카에 관한 많은 책에 소개된 팀북투는 거리가 온통 금으로 포장되어 있을 뿐 아니라 집집마다 황금 지붕을 덮은 아주 부유한 땅이었다. 책에 쓰인 대로라면 금이 넘치는 이곳에 낙타를 탄 상인의 행렬이 날마다 줄을 이어야 했다. 불쌍한 르네는 그의 비참한 인생을 통틀어서 이때만큼 크게 실망한 적이 없었다.(결국 책에서 읽은 것들을 모두 그대로 믿어선 안 된다는 얘기다.)

그 동안 지독한 더위와 먼지, 쌀뜨물과 약초 등 갖은 고생을 견딘 끝에 그가 도착한 도시는 "진흙으로 만든 허름한 집들"이 있을 뿐, "새가 지저귀는 소리조차 들려오지 않는" 곳이었다.(이건 내가 아니라 르네가 한 말이다.) 황금으로 만든 집은 보이지도 않았다.

1828년 아프리카 사하라 사막

그러나 한숨만 내쉬며 앉아 있을 시간이 없었다. 팀북투까지 간 것만으로는 모자랐다. 1만 프랑의 상금을 손에 넣기 위해서는 다시 프랑스로 돌아가야 했다 — 반드시 살아서!

그건 말처럼 쉬운 일이 아니었다. 팀북투까지 갔던 탐험가는 그 말고 딱 한 명 더 있었는데 길잡이한테 잔인하게 목이 졸려 죽고 말았다. 과연 르네가 살아서 그 모든 이야기를 전할 수 있을까? 그건 무지무지 힘든 일일 것이다.

그러나 두려움을 모르는 르네는 돌아갈 때는 다른 길을 택했다. 험난한 사하라 사막을 곧장 질러서 북쪽으로 가는 길을 택한 것이다. 그 때까지 어떤 유럽인도 그 사막의 끝까지 건너가기는커녕 가 보려고 시도해 본 적도 없는 여행이었다. 일은 처음부터 순조롭지 않았다. 르네는 아슬아슬하게 버스, 아니 낙타를 놓치고 말았다. 그는 목적지가 같은 대상들의 낙타를 한 마리 얻어 타기로 했었다. 그러나 그가 새로 사귄 팀북투 친구들과 작별 인사를 하는 사이, 기다리다 지친 대상들이 먼저 떠나 버린 것이다.

르네는 그들을 따라잡으려고 너무 빨리 달리다가 기절하고 말았다. 정말 다행히도, 누군가 그를 일으켜 자기 낙타 등에 올려놓았다. 하지만 앞으로도 가야 할 거리가 1,600킬로미터나 남아 있었다….

그 후 넉 달 동안 르네와 400명의 동료 나그네, 그리고 1,400마리의 낙타는 험난한 사막을 건너 목이 타는 여행을 했다.

낙타 등에서 잠들었다가는 큰일을 당할 수도 있었다. 떨어지는 날에는 험난한 사막에 혼자 남게 될 테니까.

너무한 것 같지만 규칙은 규칙. 여행은 갈수록 힘들기만 했다. 지금까지 르네가 겪었던 그 어떤 일보다 더한 고생이었다. 날마다 사람들은 끝도 없을 것 같은 모래 벌판과 황량한 바위

황무지를 천천히 터벅터벅 걸어갔다. 눈부신 태양은 사정없이 내리쬐고 모래폭풍은 더욱 심해져, 입과 목에 물집이 생겼다. 대상들은 비우호적인 지방 사람들의 공격을 받기도 했다.

　게다가 음식은—그걸 음식이라고 할 수 있다면—정말 형편없었다. 밀가루를 꿀에 섞은 것인데 곰팡이까지 슬어 있었다.(게다가 르네는 긴 코 때문에 낙타 얼굴이라는 별명으로 놀림을 받기까지 했다.)

　그러나 이것도 목이 갈라지는 듯한 갈증에 비하면 아무것도 아니었다. 낙타 얼굴. 앗! 미안, 르네는 항상 목이 말랐다. 그것은 고문 중에서도 가장 심한 고문이었다. 그는 하루 종일 아름답게 방울방울 떨어지는 물방울밖에 생각할 수 없었다. 그러나 아름답게 방울방울 떨어지는 물은 예외 없이 하루에 한 모금씩만 배급되었고, 우물은 간간이 어쩌다 하나씩 있을 뿐이었다. 그나마도 말라붙은 우물이 많았다. 동료 중에는 목마름을 참다 못해 손가락을 깨물어 자기 피를 마시거나 오줌을 마시는 이들도 있었다. 그러다가 마침내 대상들이 물가에 도착하면, 르네는 낙타들과 다투면서 물을 마셔야 했다.

마침내 검게 타고 바싹 마르고 녹초가 된 몸에 너덜너덜해진 옷을 걸친 채, 르네는 모로코에 있는 탕헤르에 도착했고 곧장 프랑스 영사관으로 비틀거리며 갔다. 따뜻한 환영을 기대하면서. 어떻게 됐을까? 영사는 갖은 고생으로 처참한 몰골이 된 르네를 거지로 잘못 알고 그를 쫓아내 버렸다.

결국 르네는 조국 프랑스에 돌아가서야 일이 풀리기 시작했다. 영웅처럼 환대 받은 것은 물론이고 메달과 후한 연금, 지리학회의 상을 받은 것이다. 그러나 탐험은 질릴 만큼 실컷 해 본 터라 그 후로 그는 영원히 여행을 포기하게 되었다. 그리고는 정착해서 결혼했다.

그렇다면 그 후 그가 행복하게 살았을까? 그렇지는 않다. 사실 모두가 그의 말을 믿은 건 아니었다. 일부에선 그가 돈 때문에 그 모든 이야기를 꾸며냈다고들 했다. 어쨌거나 그는 실제로 팀북투에 갔다 왔다는 사실을 증명하지는 못했다. 증거는 그의 말뿐이었다. 그것이 사실이라고 누가 믿겠는가?

바싹바싹 사막 파일

이름 : 사하라 사막
위치 : 북아프리카
크기 : 900만 제곱킬로미터
기온 : 낮에는 섭씨 45도까지 오르고 밤에는 영하 7도까지 떨어짐
강우량 : 1년에 100밀리미터 이하
사막 유형 : 고압대 사막(34쪽 참고)
사막 정보 :

- 지구상에서 가장 큰 사막. 미국만큼 크다.(또는 대강 오스트레일리아만큼.)
- 아랍어로 '사하라' 는 사막을 뜻한다. 그러니까 굳이 사하라 사막이라고 할 필요는 없겠지?
- 사하라의 1/5은 모래로 덮여 있다. 나머지는 바위와 자갈투성이에 염분이 많다.
- 6,000년 전에는 악어와 하마, 기린, 코끼리가 놀던 녹색 습지였다.

바싹 메마른 사막

여러분이 사는 동네 근처에는 사막이 없겠지만, 이 지구상에는 사막이 아주 많다. 사실 사막은 지구 표면의 1/3 이상을 차지하고 있으며 계속 늘어나고 있다. 도대체 사막은 무엇이며 사막이란 이름은 또 누가 지었을까? 지루한 지리학자들의 의견은 엇갈린다.(여느 때와는 달리.) 일부 학자들은 고대 로마인들이라고 한다….

또 일부에선 고대 이집트인들이라고 한다….

누가 처음 생각해 냈건 사막이란 말은 굳어졌다.('버려진 곳' 으로 굳어지지 않은 게 다행이지. 얼마나 길어!) 그런데 로마인들 이 이탈리아 한가운데 살면서 이미 사막이란 단어를 쓰고 있었 다는 건 수수께끼이다.(이탈리아에선 사막이 보이지 않거든.) 반 면 사막 전문가인 이집트인들은 사막에 관해 잘 알고 있었다. 이들은 사하라에 살았고, 알다시피 그곳은 세계에서 가장 큰 사 막이다. 그렇다고 해서 사막에 자주 갔던 건 아니었다. 이집트 인들은 사막이 악마가 들끓는 곳이며, 쓸데없이 사막을 돌아다 니는 미친 사람은 악마의 따끈따끈한 사막밥, 아니 주먹밥이 되 기 십상이라고 여겼다.

도대체 사막이 뭐길래?

경고―다음 내용을 이해하려면 반드시 상상력을 총동원할 것.

그럼, 어디 시작해 볼까? 산들바람 부는 어느 낮에 해변의 모 래밭을 걷는다고 상상해 보자.(손가락으로 귀를 막으면 파도 소리 가 들리지 않는다.) 때는 한여름이라 찌는 듯 덥다. 주위에는 아 무도 없다. 피부는 타기 시작했고, 입술은 바싹 말라 짠맛이 느 껴진다. 목구멍이 쩍쩍 갈라지는 것 같아 침을 삼키기도 힘들

다. 어쩌다 부는 바람은 따끔따끔한 모래를 얼굴에 흩뿌린다. 그러나 무엇보다도 힘든 건 물을 마시고 싶어 죽겠다는 거다. 그런데 사방 몇 킬로미터 안에는 오직 모래뿐. 아이스크림차는 고사하고 물 한 방울, 그늘 한 점 없다. 바싹바싹 속이 타지? 그런 곳이 바로 사막이다.

뜨겁고 건조한 곳

여러분이 있는 곳이 사막인지 알아보는 확실한 방법은 두 가지가 있다.(벌써 해 보지 않았다면 말이다.)

1. 익어버릴 만큼 뜨겁다

낮의 사막은 지독히 더워서 섭씨 50도는 너끈히 넘는다. 그것도 그늘에서!(물론 찾기만 하면 사막에도 그늘은 있지. 잎이 무성한 나무나 그늘진 동굴을 찾는다면.) 지면은 얼마나 뜨거운지 달걀이 익어버리고 여러분 발이 구워질 정도이다! 지금까지 지구상에서 가장 높은 기온은 사하라의 섭씨 82도가 최고 기록이었다. 얼마나 뜨거운지 알고 싶다면 가장 더운 여름 한낮을 상상할 것. 그것의 두 배이다.

그게 지글지글 끓는 거지 뭐겠어? 하지만 밤이 되면 얘기는 달라진다. 열기를 잡아둘 만한 구름이 없기 때문에 기온은 영하로 곤두박질 칠 수 있다. 겨울 사막은 더욱 심하다. 겨울 방학을 고비 사막에서 보내려는 사람들은 꽁꽁 몸을 감싸는 게 좋다. 이가 딱딱 부딪치는 영하 21도는 보통이고 더 낮을 수도 있거든. 으덜덜덜!

그 생각을 하면 차라리 집에 있는 게 나을지도 모른다.

2. 바싹 건조하다

사막으로 떠나려는 사람은 우산일랑 두고 갈 것.(아니 가져가는 게 좋겠다. 훌륭한 양산이 될 테니까.) 사막에 비가 올 확률은 거의 없거든. 바로 그래서 사막이 바싹바싹 건조해지는 것이다. 지루한 지리학자들은 1년에 내리는 비의 양이 250밀리미터 이하인 곳을 사막으로 꼽곤 한다. 그건 여러분이 욕조에 들어가 있을 때의 물 높이 정도이다. 욕조가 어디 있는지 잊어버리진

않았겠지…. 꽤 많은 양처럼 생각되겠지만 사막 전체에 고루 뿌린다면 그렇지가 않다. 그러나 사막에 가 본 지리학자들은 생각을 바꾸었다.(지리학자들은 항상 가 보고 생각을 바꾼다.) 지금은 '건조도(aridity index)'라는 새로운 체계를 사용한다.

건조도는 이런 식으로 사용된다.(참고 : 이 실험에는 두 가지 방법이 있다. 하나는 사막 과학자들이 온갖 첨단 장비들을 사용하는 것이고, 다른 하나는 여러분이 집에서 해 볼 수 있는 것이다.)

사막이 얼마나 건조한지 알아보는 방법-1

사막 과학자들이 쓰는 방법 :
① 사막에 비가 1년 동안 얼마나 오는지 재어 본다.(측우기나 레이더, 위성 등의 장비를 사용한다.)
② 햇빛에 물이 증발하는(마르는) 양을 재어 본다.(좀더 첨단 장비를 이용한다.)
③ ②를 ①로 나눈다.

사막이 얼마나 건조한지 알아보는 방법-2

이 실험을 위해 사막에 갈 수 없다 해도 걱정 마시라. 언제든 집에서 해 볼 수 있으니까.

실험 방법 :
① 냉장고에 있는 캔 음료수의 개수를 센다. 두 개라고 할까?
② 여러분 집에 목이 마른 친구가 몇 명인지 세어 본다. 이를테면 여덟이라고 하자.

③ 이제 친구의 수를 음료수의 수로 나누면 건조 지수는 4가 된다! (8÷2=4)

축하한다! 여러분의 집은 공식적으로 반(半) 사막이 됐다. 바싹 타는 사하라에서 살지 않음을 감사하게 여기시라. 사하라의 건조 지수는 놀랍게도 200이나 된다. 다시 말해서 비가 내리는 양보다 잃는 양이 200배 더 많다는 뜻이다. 정말 굉장히 건조하겠지. 하지만 이제 지겨운 수학은 이제 그만. 상으로 음료수 하나를 마실 것!

혹독한 사막의 날씨

비구름? 이곳엔 비구름이 없다. 어디일까? 물론 사막이다. 사막이 왜 그처럼 바싹 메마른지 알고 싶다고? 그건 사막에 비구름이 없기 때문이다. 모래와 바위, 어쩌면 야자수와 낙타가 있기는 하겠지. 하지만 비구름은 아주 드물다. 이상하지만 바로 그렇기 때문에 비구름이 아주 중요해지는 것이다. 그 이유를 알고 싶다면 먼저 비구름이 어떻게 만들어지는지 알아야 할걸.

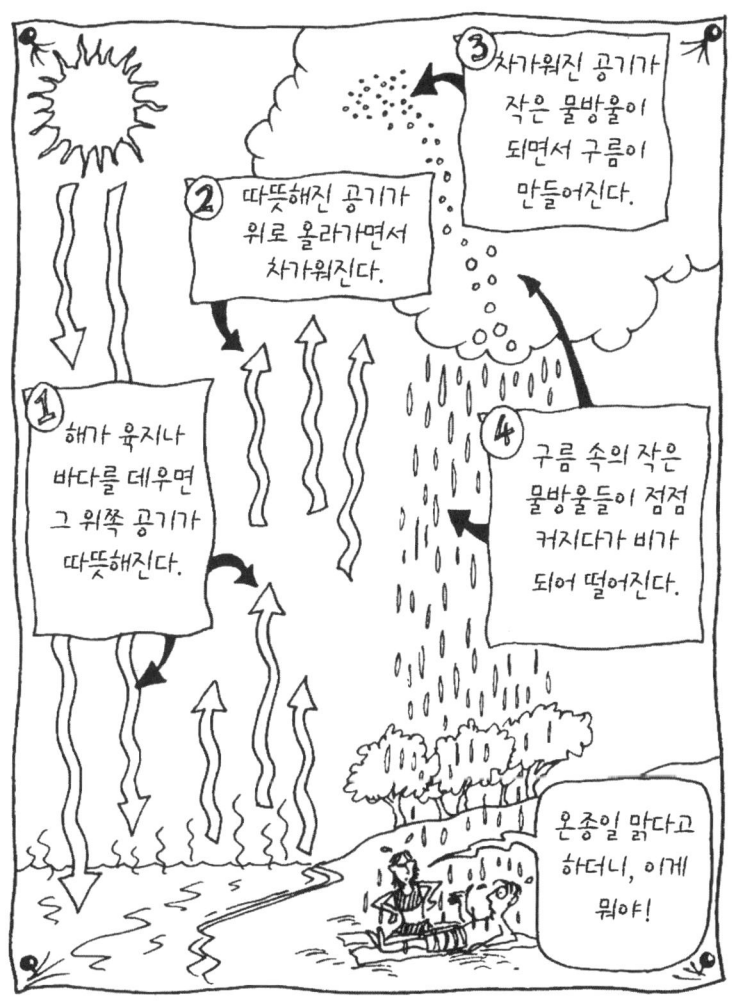

그렇다면 왜 사막에는 비구름이 생기지 않을까? 문제는 더워진 공기가 차가워질 틈이 없다는 것이다. 사막은 너무 더워서 공기를 다 말려 버린다. 그래서 비가 될 물방울이 거의 생기지 않는다. 그렇다고 사막에 비가 전혀 오지 않는 건 아니다. 우선 기록적인 칠레의 아타카마 사막을 살펴보자.

공식적으로 말해서, 아타카마 사막은 지구상에서 가장 건조한 곳 중 하나다. 아무리 지루한 논쟁을 좋아하는 지리학자도 이 말엔 동의한다. 이 사막의 일부 지역은 400년 동안(1570년부터 1971년까지) 비 한 방울 내리지 않았다. 그런데 사막의 비란 도무지 예측불허다. 어쩌다 비가 올 때면 하늘에 구멍이 뚫린 듯 마구 퍼부어서 사막에 돌발 홍수를 일으킨다.

사막의 일기 예보

사막에서 부는 바람이 아주 강한 이유는 바람의 속도를 늦추거나 잠재울 만한 장애물이 없기 때문이다. 바람은 땅 위를 거세게 달리면서 숨도 못 쉴 만큼 거대한 먼지 구름을 일으킨다.

여기서 그치지 않는다. 사하라에서 생긴 먼지들은 수백 킬로미터를 날아서 미국까지 간다. 미국에서 수증기와 섞여서 눈과 비를 주홍색으로 만들기도 한다. 으시시하지! 그게 사람들 코로 들어가는 건 두말하면 잔소리. 특히 지구상에서 가장 먼지가 많은 사하라 사막은 1년에 2억 톤의 먼지를 일으킨다!

사막은 어떻게 생겨날까?

지리 선생님들처럼 바싹바싹 사막도 각양각색. 그래도 한 가지 공통점은 꼭 있지. 사막은 모두 먼지가 많고 매우 건조하다는 것.(지리 선생님들과 조금 비슷하지?)

비라는 것은 그냥 지나가는 정도이다. 그럼 사막은 어떻게 생겨나는 걸까? 샌디의 화끈화끈 안내서를 보고 사막의 네 가지 유형에 대해 알아보자.

이름 : 고압대 사막
위치 : 적도의 양쪽
건조도 : 매우 높음
어떻게 생기나 :

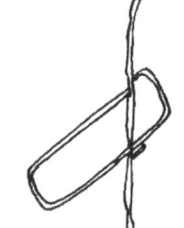

적도에서는 더운 공기가 위로 올라갔다가 남과 북으로 이동하죠. 그러다가 공기는 차가워져서 다시 내려옵니다. 도대체 이게 어떻게 사막을 만드냐고요? 좋은 질문이에요. 기상학자들(날씨를 연구하는 지리학자들)은 이 지역을 고압대라고 하는데, 적도 양쪽에서 땅 위로 내려오는 공기가 지구를 밀면서 압력을 가하기 때문이지요. 아셨죠? 이런 고압대에서는 날씨가 맑고 화창하며 하늘엔 구름 한 점 없지요. 완벽한 사막 날씨가 되는 거예요.

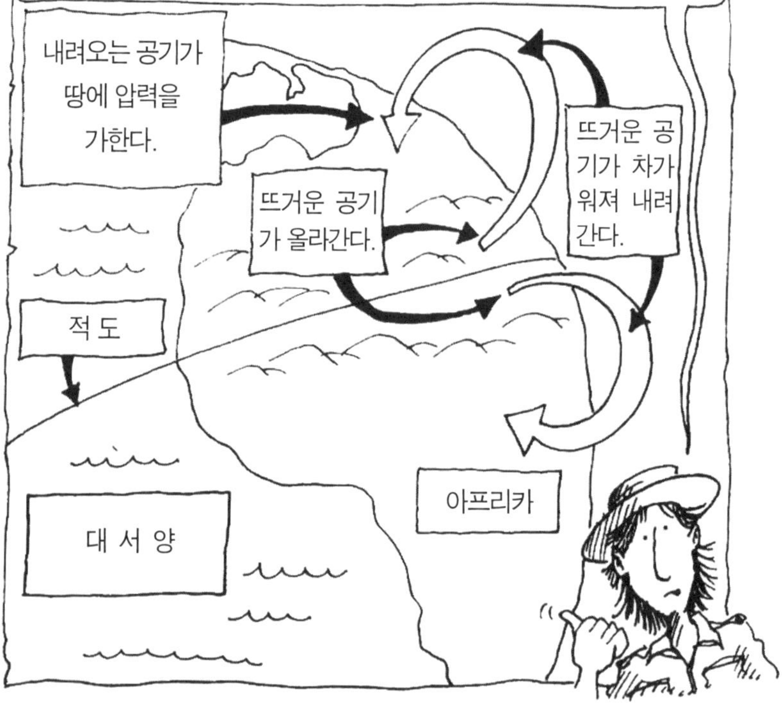

- 내려오는 공기가 땅에 압력을 가한다.
- 뜨거운 공기가 올라간다.
- 뜨거운 공기가 차가워져 내려간다.
- 적도
- 대서양
- 아프리카

이름 : 비그늘 사막
위치 : 산악 지역의 아늑한 곳
건조도 : 매우 높음
어떻게 생기나 :

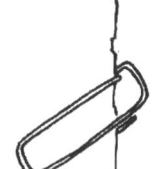

이런 사막은 산이 공기 흐름을 가로막을 때 생겨나죠. 공기가 산꼭대기 위로 올라가면서 차가워져 물방울이 생기고, 비구름이 만들어집니다. 그런데 비구름이 산 반대편에 도착할 때쯤엔 머금었던 습기는 이미 비로 내려 버리고 없겠죠. 그래서 신기하게도 산 한쪽은 사막인데 반대쪽은 아름다운 숲이 생기게 되는 겁니다.

 이름 : 내륙 사막
위치 : 몇몇 대륙의 한 가운데
건조도 : 아주 높음
어떻게 생기나 :

바다를 건너오는 바람은 흔히 비구름을 만들 만한 많은 양의 습기를 머금고 있지요. 하지만 이런 내륙 사막은 바다로부터 아주 멀리 떨어져 있기 때문에 비가 거의 내리지 않아요. 그 공기가 수천 킬로미터를 날아올 때쯤이면 구름이나 비 같은 건 일찌감치 다 떨구어 버린 뒤죠.

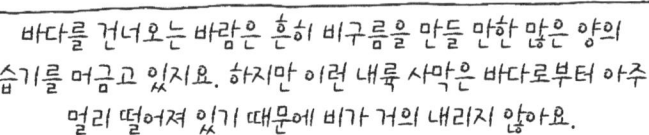

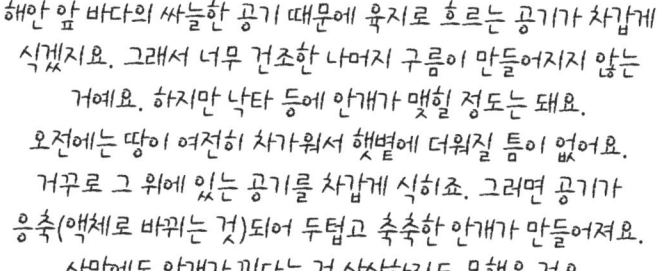

이름 : 해안 사막
위치 : 일부 나라의 서쪽 해안
건조도 : 매우 높음
어떻게 생기나 :

해안 앞 바다의 싸늘한 공기 때문에 육지로 흐르는 공기가 차갑게 식겠지요. 그래서 너무 건조한 나머지 구름이 만들어지지 않는 거예요. 하지만 낙타 등에 안개가 맺힐 정도는 돼요. 오전에는 땅이 여전히 차가워서 햇볕에 더워질 틈이 없어요. 거꾸로 그 위에 있는 공기를 차갑게 식히죠. 그러면 공기가 응축(액체로 바뀌는 것)되어 두껍고 축축한 안개가 만들어져요. 사막에도 안개가 낀다는 건 상상하지도 못했을 걸요.

바싹바싹 사막 톱 10

다음에 나오는 편리한 지도를 보면 지구상에서 열 손가락 안에 드는 사막들이 어디 있는지, 그리고 어떤 유형의 사막인지 쉽게 알 수 있다.

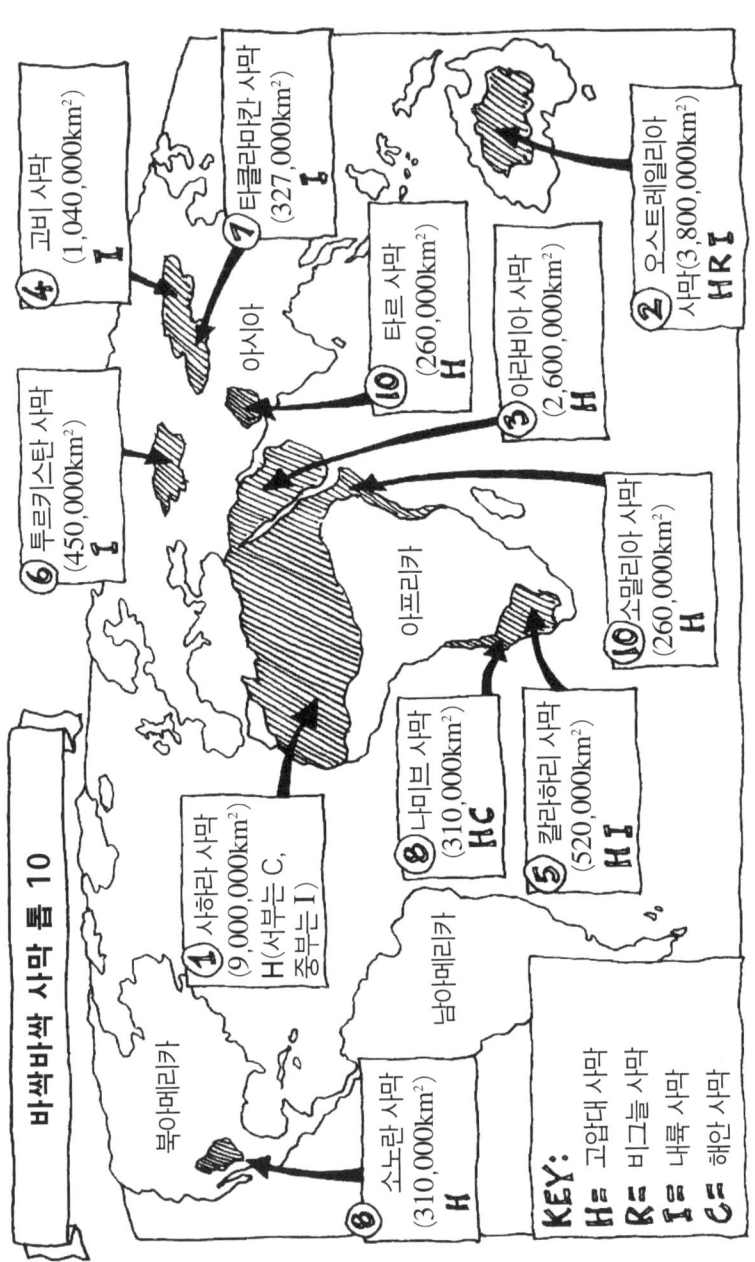

> **요건 몰랐을걸!**
>
> 이건 공인된 사실이다! 얼음 덮인 남극도 사막이다. 믿거나 말거나. 비록 모래 언덕도 없고 낙타도 안 살지 모르지만 뼈까지 바싹 마를 만큼 지독하게 건조하다. 보통 남극에 내리는 눈과 비의 양은 1년에 겨우 50밀리미터. 그나마 금세 얼어버린다. 심지어는 마지막으로 비가 온 지 2백만 년이 되는 지역도 있다.

물 한 모금에 목숨이

사막이 자랑하는 모든 것들, 끔찍한 더위와 먼지, 안개 등을 생각했을 때 그래도 사막에 가는 사람이 있다는 건 놀라운 일이다. 하물며 살아서 돌아온다니. 사막에서 살아남으려면 모질어야 한다. 다음에 소개되는 무시무시한 실화처럼 말이다. 상상해 보자….

1905년 8월 미국 소노란 사막

사막에 동이 트고 있었다. 그 날도 끔찍하게 더운 하루가 될 것이었다. 과학자 윌리엄 제이 맥기(William J. McGee)는 땅에 누워 금세 잠에 빠져들었다. 도마뱀 한 마리가 한가로이 그의 다리 위로 지나가고 있었고 어디선가 배고픈 코요테가 짖는 소리가 아득히 들려 왔다.

윌리엄은 약간 뒤척였을 뿐 깨어나지는 않았다. 그는 사막 기후와 야생 동물을 연구하느라 석 달째 사막에서 지내고 있었다. 그가 보아온 무서운 짐승들에 비하면 도마뱀은 이를테면, 귀여운 고양이나 다름없었다. 게다가 그는 아주 이상한 꿈을 꾸는 중이었다. 꿈속에서 거대한 암소 한 무리가 그를 향해 달려오고

있었다. 점점 더 가까이, 발굽으로 시커먼 먼지구름을 일으키면서. 갑자기 한 마리가 귀가 찢어질 듯 울음소리를 냈다.

우워어어어!

그 순간 윌리엄은 움찔하며 일어났다.

"뭐, 뭐지…? 여, 여기는…? 누, 누구…? 미라닷!"

그는 중얼거리며 멍하니 돌아보고는 총을 집어들었다.

물론 암소의 모습은 어디에도 없었다. 다음 순간 윌리엄은 그 소리가 무엇이었는지 깨달았다. 그 비명 소리는 꿈이 아니었다, 현실이었다. 누군가 멀지 않은 곳에서 그의 도움을 간절히 필요로 하고 있었다. 정신이 번쩍 든 윌리엄은 간신히 몸을 일으키고 근처의 절벽 끝으로 고개를 내밀었다. 그러자 참혹한 광경이 눈에 들어왔다. 한 남자가 바닥에 누워 있었던 것이다. 그는 뼈만 앙상한 모습으로 목숨만 겨우 붙어 있었다. 머뭇거릴 시간이 없었다. 당장 물을 마시지 못하면 그 사람은 죽을 것이다. 윌리엄은 그 남자에게 살짝 물을 끼얹고 위스키 한 모금을 마시게 했다.(절박한 순간에는 절박한 방법이 필요하다.)

그러자 그 남자는 천천히, 괴로운 듯이 입술을 움직이며 윌리

엄에게 자기 이야기를 들려주었다.

"제 이름은 파블로 발렌시아입니다."

그가 숨을 헐떡이며 말했다.

"친구와 함께 금을 찾아 사막에 왔죠. 낡은 금광이 있다는 얘기를 듣고 떼돈을 벌고 싶었어요. 여름은 사막에 오기 좋은 계절이 아니라는 걸 알고 있었지만 대수롭지 않게 여기고 괜찮을 거라 생각했죠. 어찌 어찌하다 우린 그만 헤어져 버렸어요. 말과 식량은 친구한테 있었죠. 전 물 한 통만 갖고 혼자 떠돌게 되었어요. 정말 비참했죠. 전 어떻게든 샘으로 돌아가려고 했어요. 틀림없이 근처에 있었거든요. 그런데 날씨가 하도 더워서 머릿속이 자꾸 이상해지는 것 같더니 길을 찾지 못했어요.

첫 번째 날 저녁이 되자 물이 바닥났어요. 끔찍했습니다. 얼마나 목말랐는지 말로 표현할 수 없어요. 마치 고문을 받는 기분이었죠. 작은 나뭇가지들도 씹어 봤어요. 하다 못해 거미나 파리들도 잡아먹었죠. 하지만 속이 메슥거리기만 했어요. 밤이 되자 대머리수리들이 머리 위를 날면서 제가 죽기를 기다리고 있었죠. 그렇게 영원히 계속 될 것 같았어요. 얼마나 지났는지도 몰라요. 그저 머지 않아 귀도 안 들리고 앞도 못 볼 거란 것 밖에 몰라요. 말을 하거나 침을 삼킬 수도 없었죠. 몸이 워낙 쇠약해져서 움직이기도 힘들었어요. 하지만 계속 가야 했죠. 달리 뭘 할 수 있었겠어요? 한동안은 기어다녔어요. 하지만 그것도 끝이었어요. 전 기도를 올리고 죽으려고 누웠죠. 바로 그 때 선생님이 제 외침을 들은 거예요. 마지막으로 간절히 도움을 청하던 그 소리를요."

끈질긴 파블로는 운 좋게 살아났다. 그는 사막에서 장장 7일 간을 보냈던 것이다. 윌리엄이 그 때 그를 찾아내지 못했다면 그는 틀림없이 갈증으로 죽었을 것이다. 그는 그 후 완전히 회복되었다. 그런데 도대체 물도 없이 어떻게 그렇게 오래 견뎠을까? 그가 목숨을 부지하기 위해 무얼 마셨을까? 그것은….

낙타 오줌 | 자기 오줌 | 자기 피

정답 : B. 이집트에서 갓 고기잡이 아니다. 사하라 사막 횡단자들이 옛날부터 그렇게 해왔다. 비록 맛은 끔찍하지만 자기 오줌은 생명을 구해 준다. 그러나 오줌은 갈수록 더 짜질 것이기 때문에 사정이 좋아지지 않는 한 오래 마시지 못한다. (자기) 피도 마실 수 있지만, 정맥이나 동맥을 자르지 말 것.

선생님 질문이요

물을 마시고 싶어 죽겠는데 점심시간까지는 아직도 한 시간 남았을 때, 유식한 표현으로 선생님한테 잘 보이는 방법이 있지. 손을 들고 이렇게 말한다.

선생님은 입을 쩍 벌리시곤 여러분을 보내 주실 게다. 그런데 대체 그게 무슨 말일까?

> **정답** : 몸의 세포에서 물이 빠져나가 때문에 세포액의 농도가 짙어지는 것을 풀어서 하는 말이다. '농도를 묽게' 하려고 물을 세포막을 통과해 세포 안으로 들어올 수 있으니 손을 씻는 아이들이 물고 있다. 수분을 계속 빼앗기면 탈수증이 된다. 그러면 선생님께 가르쳐 달라고 부탁드리자.

★ 오싹오싹 건강 경고

바싹바싹 메마른 사막에선 목말라 죽을 수도 있다. 진짜다. 물을 한 방울도 못 마시면 이틀만에 죽게 된다. 그것도 잘 버텨야. 우선 땀으로 많은 양의 수분이 빠져 나간다. 곧이어 맥이 풀리고 피부가 건조해서 쭈글쭈글해진다. 다음에는 열이 나면서 혼란스러워진다. 피가 너무 짙어져서 심장이 제대로 박동을 못하니 머지 않아 헛것을 보다 죽게 된다. 끔찍하군. 살기 위해서는 하루에 적어도 9리터의 물을 마셔야 한다.(이건 탄산음료 27캔과 맞먹는 양이다. 크르륵!) 전혀 목마르지 않다고 해도 마셔야 한다. 그리고 조금씩 마신다. 벌컥벌컥 들이키면 안 된다. 괜히 속만 메스껍고 물을 낭비하는 셈이니까. 여러분 몸에 수분이 부족한지 어떻게 알 수 있을까? 일단 오줌 색깔을 볼 것. 오줌은 보통 노리끼리한 색이다. 그런데 진한 색이라면 문제가 있다. 당장 가서 물을 마시도록.

그래도 사막에 가고 싶다고? 아니, 계속 경고했는데도? 좋다, 죽음의 사막을 가기로 결심한 사람들은 명심하도록. 될 수 있는 한 많은 물을 가지고 떠나라. 반가운 우물이나 샘을 언제 다시 볼 수 있을지 모르거든. 게다가 신선한 물이 있으면 숨막히는 다음 장을 읽을 때 도움이 될 테니까. 푸석푸석 모래에 관한 이야기거든.

움직이는 모래

지금까지 여러분이 보았던 사막은 모두가 뜨거운 모래 벌판이 수백 수천 킬로미터나 뻗어 있고 드문드문 야자나무와 낙타들이 있었다. 여러분도 '사막' 하면 바로 그런 풍경을 떠올리겠지? 하지만 사막이라고 다 그런 건 아니다. 사실 전체의 1/4만이 모래 벌판이다.(선생님한테 말씀드리도록.) 대부분은 돌멩이와 자갈더미들로 뒤덮인 완만한 바위투성이 평원으로 이루어져 있다. 그래도 여러분이 바라는 게 모래라면….

모래에 관해 몰랐던 일곱 가지 사실

1. 시간이 남아돈다면 몰라도, 그게 아니라면 절대 지루한 지리학자에게 "모래가 뭐예요?" 하는 따위의 질문을 해서는 안 된다. 아마도 지리 전문가는 풍식 작용에 관해 여러분이 잠들 때

까지 지루하게 늘어놓을 것이다.

하지만 간단히 대답하자면 모래란 폭이 0.2~2밀리미터 사이의 아주 작은 돌조각을 말한다. 그러니까 그 크기는….

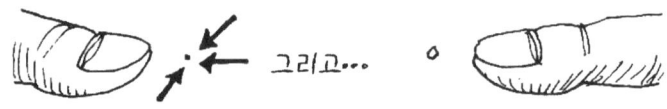

2. 모래라고 전부… 에… 그러니까, 모래색은 아니다. 검은색, 회색, 초록색을 띠는 모래도 있다. 그 색은 모래를 만든 바위의 성질에 따라 다르다.

3. 모래 사막이 어떻게 만들어졌는지에 관해 다른 이론을 내놓는 지리학자들도 있다. 이들은 엄청난 허리케인이 모래를 흩뿌려 놓았다고 주장한다. 그들의 말이 맞는지 아닌지 가리기는 힘든 일이다. 어쨌거나 그 허리케인은 1만 8천 년 전에 일어났고, 아무리 여러분의 지리 선생님이라 해도 그 옛날을 기억하진 못할 테니까.

4. 엄밀히 말해서 사막의 슈퍼스타 사하라는 세계에서 가장 모래가 많은 사막이다. 하지만 그건 전적으로 사하라가 엄청나게 크기 때문이다. 사실 하나의 모래 벌판으로 가장 큰 것은 아라비아 사막에 있는 룹알할리(Rub al Khali), 그 뜻은 '텅 빈 지역'이라고 한다. 룹알할리의 면적은 56만 제곱킬로미터로 프랑스의 면적과 맞먹는다. 짱이지. 그렇다고 프랑스 빵이나 치즈를 파는 가게가 있을 걸로 생각하진 않겠지? '텅 빈 지역'이란 이름이 괜히 붙었겠어.

5. 이런 상상을 해 볼까? 여러분이 바싹바싹 메마른 사막을 가면서 차가운 물 생각이 간절한데 갑자기 모래들이 노래를 시작한다!

물론 여러분이 제대로 들은 것이다. 모래가 노래를 시작한 것이다. 그게 어떤 소리냐고? 모래 마음이지 뭐. 낮게 웅웅대는 콧노래일 수도, 찢어지는 소프라노일 수도 있지. 지리학자들은 무엇이 모래 소리를 내게 만드는지 확실히 밝혀내지 못했다. 한 가지 이론은 모래 알갱이들이 반짝이는 화학물질인 실리카로 싸여 있기 때문이라는 것이다. 이것이 모래 알갱이끼리 붙어 있게 만드는데, 사람들이 모래 언덕을 지나면 모래가 흩어지면서 움직이니까 노래 또는 그 비슷한 소리가 난다는 것이다. 모래 언덕은 사구(砂丘)라고 하는데 그런 건 사곡(砂曲)이라고 하면 안 되나? 헤헤.

6. 으스스한 느낌이 든다면 프랑스 리옹 사람들을 생각해서 힘을 내도록. 1846년 10월 17일 아침, 이 사람들이 깨어나 보니 도시 전체가…녹슬어 있었다!

 사건의 진상은 이렇다. 멀리 모래가 흩날리는 사하라에서 엄청난 양의 붉은 모래가 바람을 타고 하늘로 떠올랐다. 이것이 나중에 수증기와 섞이고 피처럼 붉은 비가 되어 프랑스에 쏟아졌다. 빗물이 마르자 남은 먼지들이 뻘건 녹처럼 보였던 것이다. 당연히 사람들은 불안해 했지.

7. 때론 바람이 모래를 휘몰아쳐서 광란을 일으키기도 한다. 모래폭풍에 갇힌다면 재앙은 뻔한 일. 모래폭풍이 불면 피부가 따갑게 쑤시고 목이 메이고 심하면 자동차 페인트까지 벗겨져 버린다. 모래폭풍이 불 때 피하는 최선의 방법은 낮게 엎드려서 얼굴과 눈을 가리는 것.

 1988년 3월에는 실로 굉장한 모래폭풍이 이집트를 강타했

다. 성난 바람이 엄청난 모래를 공중에 퍼올렸다. 카이로에서만 6명이 죽고 250명이 다쳤다. 나머지 사람들도 숨을 제대로 쉬지 못했다.

모래폭풍에 갇히는 것이 어떤지 상상하기란 쉽지 않다. 그러나 여기 목격자가 있다. 리처드 트렌치(Richard Trench)라는 그 탐험가는 이렇게 묘사한다.

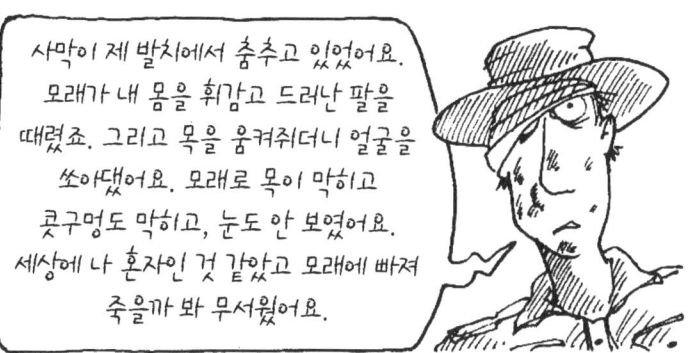

선생님 질문이요

두 시간 짜리 지리 수업을 땡땡이 치고 싶어 죽겠지? 선생님을 보고 힘없이 웃으며 이렇게 말하면 어떨까?

이 말에 일말의 진실이라도 들어 있을까?

* 마찰이란 두 물체가 서로를 밀어내려 하면서 속도를 떨어뜨릴 때 생기는 힘이죠. 수업에 늦어서 학교 복도를 달려갈 때 반대편에서 오는 사람과 부딪치는 것처럼요. 또는 카멜라가 샘에서 끼여들려고 할 때도 그렇죠. 아이코!

모래 언덕이 몰래몰래

사막에도 바다가 있다는 사실을 아는지? 물론 모래 바다 말이지. 게다가 모래 파도까지 있지. 그게 어떻게 가능하냐고? 그거야 사막에 바람이 불면서 모래를 쌓아올려 거대한 파도 모양의 언덕을 만드는 거지. 가장 큰 모래 언덕은 높이가 200미터나 되고(여러분 집보다 20배 높다) 폭이 900미터나 된다.

바닷가 모래밭에 그처럼 큰 모래성을 만든다고 상상해 보자. 그런 모래 언덕에는 수십 수백억 개의 모래알들이 있고 무게는 수백 수천만 톤에 이른다.

이런 모래 언덕에 완전히 미쳤던 사람이 영국의 군인이자 과학자였던 랠프 배그널드(Ralph Bagnold, 1896~1990) 준장이었다. 그는 전투가 없을 때는 모래를 연구했다. 1930년대 그에게 임청난 기회가 찾아왔다. 이집트와 리비아에 주둔하게 된 것이다. 거기서 그는 원정대

를 이끌고 사하라 사막을 수없이 다니며 바람에 날린 모래의 효과를 연구했다. 지루하기는! 영국에 돌아오자 그는 모래 연구를 계속할 수 있도록 풍동(바람 터널)을 지었다. 결국 그는 모래에 관해 무얼 알아냈을까?

① 싫든 좋든 모래는 사막 곳곳에 흩어진다.
② 바람이 모래에 무늬를 남긴다.
③ 낙타들이 발로 찬 모래가 언덕이 된다.

정답 : ②. 밤에 암석의 온도가 식기는 것이 아니다. 바람이 운반할 수 있는 작은 알갱이의 양이 한정되어 있기 때문이다. 풍식 면의 다양한 모양을 만드는 것은 주로 압력이 아니라 바람의 속도와 운반에 따라 다르므로, 바람이 매우 드물거나 아주 강한 곳에서 사막의 표면은 바위로 덮이게 된다(The Physics of Blown Sand and Desert Dunes). 이것은 내몽고, 아리조나에게 많은 관심을 자아내기도 했는데, 미래에 지리학자들이 지구 화성의 사구 그림이다.

정찰병의 모래 언덕 안내서

바르한과 세이프를 구분하기가 힘들다고? 트랜스버스가 틀어져 버렸다고? 도대체 무슨 말이냐고? 걱정할 것 없다. 도움의 손길은 가까이 있으니까. 배그널드 준장의 공책을 살짝 엿보는 것은 어떨까? 얼마 후면 모래를 이해할 수 있을 테니 말이다. (물론 이것은 진짜로 배그널드의 공책은 아니다. 그 자료들은 세월 따라 모래에 묻혀버렸다.)

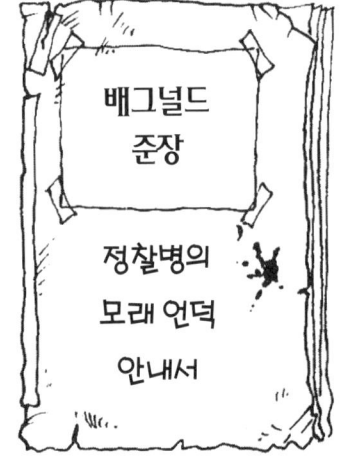

1. 바르한(barchan)— 초승달 모양의 모래 언덕. 바람이 계속해서 한 방향으로 불 때 생긴다. 다음의 것은 내가 풍동에서 만들었던 것이다.

① 바람이 모래를 불어 날린다. 그러다가 큰 자갈이나 덤불 또는 낙타 시체 같은 장애물을 만나면 흐름이 느려진다.
② 모래가 떨어지면서 쌓이기 시작한다.
③ 바람이 경사면에 부딪쳐 점점 올라가다가…
④ 마침내 꼭대기에 이른다.
⑤ 그런 다음 고꾸라지면서 반대편으로 모래를 흘린다.

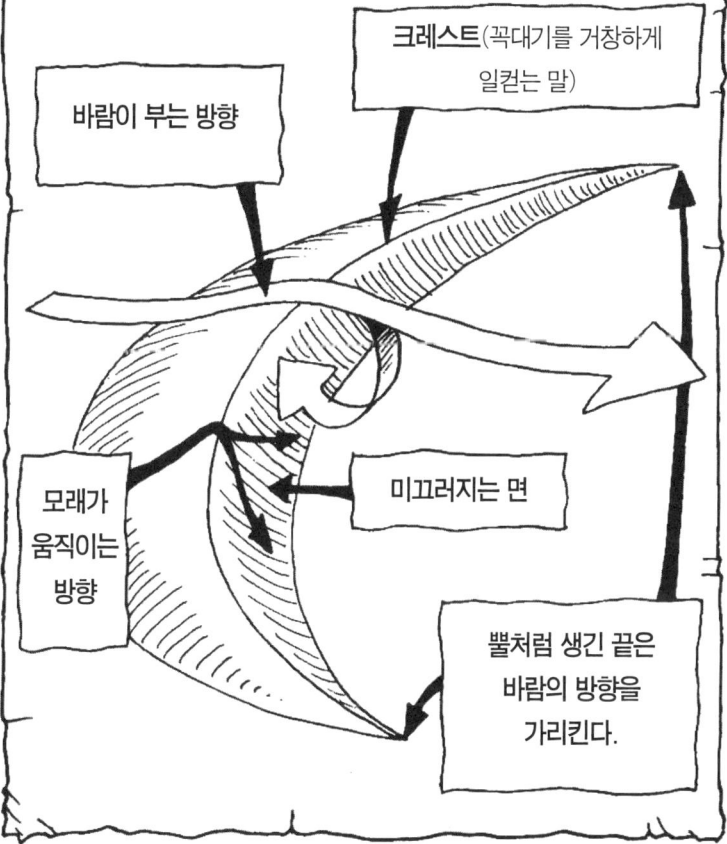

2. 세이프(sief) — 아랍어로 '칼'을 뜻함. 실제로 이 모래 언덕의 크레스트는 칼처럼 날카롭기 때문에 아주 잘 어울리는 이름이다. 바람이 서로 다른 두 방향에서 불어오면 뱀처럼 에스(S)자 모양의 모래 언덕이 만들어진다. 이런 모래 언덕은 높이가 자그마치 200미터나 되며 길이는 100킬로미터에 이른다.

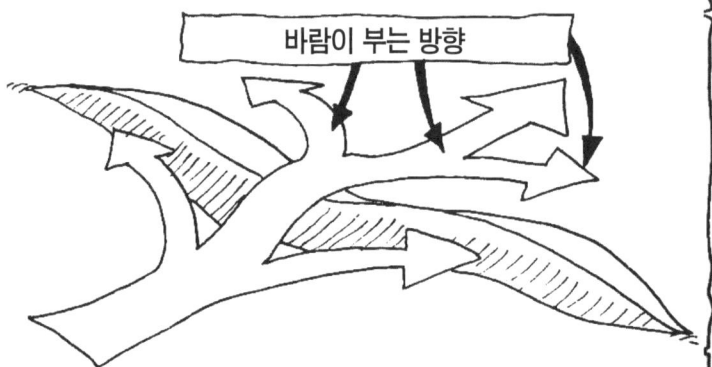

3. 트랜스버스 — 길고 둥그런 모래 능선. 거대한 모래 파도처럼 생겼다. 길이는 300킬로미터까지 이른다. 바람의 방향과 직각으로 만들어진다. 이런 모래 언덕 사이에 생긴 골짜기는 워낙 곧게 뻗어 있어, 정말로 트럭을 몰 수 있을 정도.

4. 스타(star)-(배그널드가 제일 좋아하는 녀석임.) 바람이 계속해서 방향을 바꿀 때 만들어진다. 모래 위를 슬금슬금 지나가는 거대한 불가사리처럼 생겼다. 진짜로 내가 이렇게 큰 불가사리를 본다면 바람처럼 달아나겠지만….

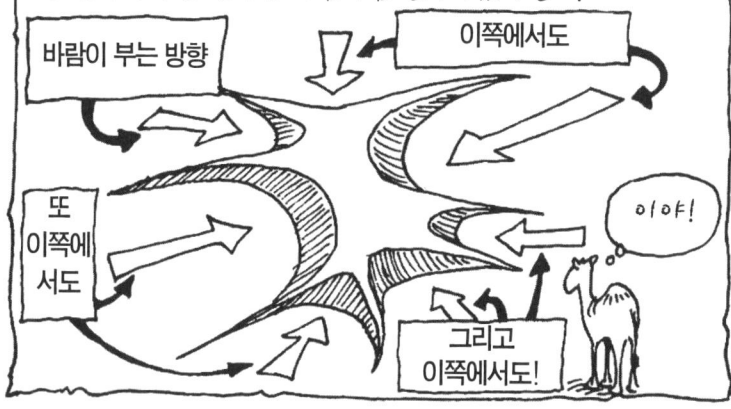

★ 요건 몰랐을걸!

모래 언덕은 움직이기도 한다. 진짜라니까! 바람이 모래를 꼭대기 위로 날리면 모래 언덕이 슬쩍 앞으로 움직인다. 아주 잽싸게. 어쩌다 그 진행 방향에 있다면 말 다 했지 뭐. 도시나 마을 전체가 묻혀 버릴 수도 있다. 이런 비열한 모래 언덕은 성질도 변덕스럽다. 몇 년 동안 계속 흘러 다니다가 갑자기 방향을 바꾼다. 그 중 한 녀석이 여러분을 향해 다가올지도 — 당장 포크레인을 불러야지. 다시 말해서 사막의 풍경은 끊임없이 바뀌기 때문에 나그네들은 자칫 방향 감각을 잃기 쉽다.

아무도 몰라 모래의 비밀

  도시나 마을은 아닐지라도, 사막의 모래 밑에는 그 외에도 은밀한 비밀들이 묻혀 있다. 더러 몇 년씩 묵은 비밀도 있고 수백만 년이나 묵은 비밀들도 있다. 용감하게 공룡 사냥을 떠나 볼 사람?

지구 일보
몽골의 고비 사막
고비 사막에서 공룡 무덤 발견

1923년 7월 1일

  미국의 탐험가 로이 채프먼 앤드루스(Roy Chapman Andrews)는 오늘 새로운 명성을 얻게 되었다.

  앤드루스가 이끄는 탐험대가 화석화된 공룡알 여러 개를 최근에 발굴했다. 공룡알 발견은 역사상 처음 있는 일이다. 챙이 넓은 모자에 깃털까지 꼽은 멋쟁이 앤드루스는 몹시 흥분한 모습이었다.

기뻐하는 모습

  "이 일을 시작하기 전에는 비관적이었습니다." 그는 카메라 앞에서 포즈를 잡으며 이렇게 말문을 열었다. "하지만 우리는 과학에 새로운 장을 열었습니다."

사막에서 벌인 사투

  그가 기뻐하는 데는 충분한 이유가 있다. 아주 기뻐할 만한 이유가. 13개의 길쭉한 알들은 고비 사막에서도 가장 외진 곳, 쓸쓸하고 험한 달 표면 같은 곳에서 발견된 것이다. 앤드루스는 탐험대가 수백 킬로미터의 사막을 거쳐 그곳에 도착하기까지, 모래폭풍과 산적들의 공격에 맞서 어떻게 싸워 왔는지 이야기했다. 탐험대는 낙타 대신 개조한 닷지 자동차 부대를 타고 여행했는데, 이것 역시 최초의 자동차 탐험이었다.

깨어진 알들

사막의 고물차

붙잡힌 고대의 알 도둑

선분가들은 이 특이한 알들을 꼼꼼히 조사한 결과 약 8천만 년 전의 것들이라는 결론을 내렸다. 이 알들은 바싹 메마른 더위와 부드러운 사막 모래 덕분에 완벽한 상태로 보존되어 숨겨진 채로 고스란히 남아 있었다…그것을 미국 탐험대가 발견한 것이었다.

앤드루스의 발견은 여기서 끝나지 않았다. 선사 시대의 놀라운 유물들은 또 있었다. 좀더 광범위한 조사를 벌인 결과 이 둥지 근처에서 이가 나지 않은 작은 공룡의 뼈가 나타났는데, 이 알들을 훔치려다 현장에서 붙잡혔던 것으로 보인다.

나는 돌아오리라

앤드루스는 미국 뉴욕에 있는 아메리카 자연사 박물관의 원래 직책으로 돌아가기 전에 화석 발견을 위한 탐험을 몇 차례 더 떠날 계획이다. 그는 이렇게 말한다. "이것은 시작일 뿐입니다. 지금도 발견되기를 기다리는 사막의 공룡들은 수백 마리가 있을 겁니다." 지금까지 그가 발굴한 것들로 보건대, 매우 신나는 탐험이 이어질 것이다. 지구일

보의 독자들은 앞으로도 최신의 성과물들을 속속 접할 수 있을 것이다. 본지는 독점 취재를 통해 독자 여러분께 마치 현장에 있는 듯한 생생함을 드릴 것을 약속드린다.

잃어버린 알을 찾는 탐험가들

바싹 말려라

결국 멋쟁이 앤드루스의 생각이 옳았다. 사막 공룡의 무덤들이 더 있었던 것이다. 그는 더 많은 공룡알과 그 밖의 멋진 화석들을 계속 찾아냈다. 사막 발굴은 그를 스타로 만들어 주었다. 박물관측은 그를 관장으로 승진시켰고,(처음에 바닥 청소나 하던 사람에겐 꽤 괜찮다.) 영광스럽게도 한 공룡에 그의 이름이 붙게 되었다. 이름하여 프로토케라톱스 앤드루시(Protoceratops andrewsi).(공룡에 여러분 선생님 이름을 붙여 보면 어떨까?) 또한 그가 쓴 몇 권의 책은 베스트셀러가 되었는데, 그 중에는 흥미진진한『공룡 최후의 날(In the Last Days of Dinosaurs)』도 있다.

그 때부터 전 세계의 과학자들은 공룡 무덤 찾기에 일생을 걸게 되었다. 결과는 실망스럽지 않았다. 지금까지 과학자들은 수백 마리의 공룡 뼈를 발굴해 왔다. 포유류나 파충류 뼈는 말할 것도 없고. 가장 놀랄만한 발견은 날개 달린 공룡의 뼈였다. 이것은 그 동안 과학자들의 추측을 뒷받침해 주었다. 초기의 조류는 공룡의 후예라는 사실 말이다.

바싹바싹 사막 파일

이름 : 고비 사막
위치 : 중앙 아시아(중국과 몽골)
크기 : 1백4만 제곱킬로미터
기온 : 더운 여름에는 최고 섭씨 45도, 추운 겨울에는 최저 영하 40도
강우량 : 1년에 50~100밀리미터
사막 유형 : 내륙 사막
사막 정보 :

- 몽골어로 고비란 말은 '물이 없는 곳'을 뜻함.
- 세계에서 가장 추운 사막임(남극은 빼고).
- 삼면에 웅장한 산이 있어 대부분 모래 대신 벌거벗은 바위와 돌멩이가 많음.
- 박트리아 낙타(혹이 두 개 있는 쌍봉낙타)의 고향임.

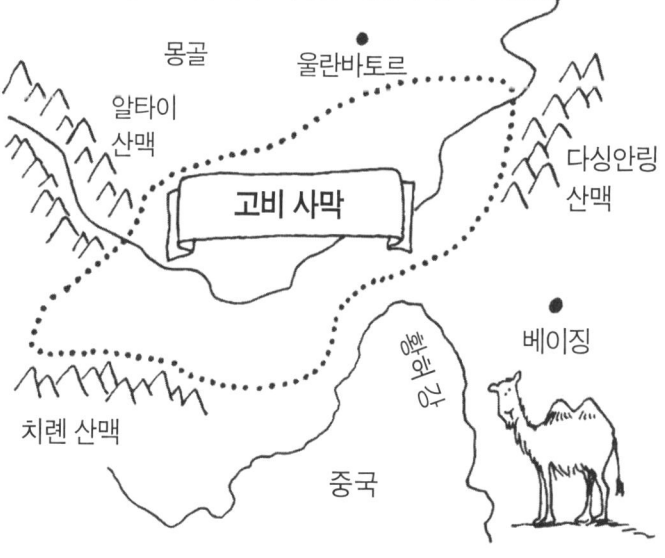

사막의 조화

거대한 버섯과 뒤집힌 배 같은 건 어디에서 볼 수 있을까? 또 거대한 돌 탁자는? 물론 바싹바싹 사막이지. 이런 것들은 모두 날씨 때문에 깎여 나간 바위들의 모습이다.

수백만 년의 세월 동안 날씨는 사막의 풍경을 서서히 닳게 만들었다. 이렇게 닳아 없어지는 걸 지리학에서는 침식이라고 한다. 그럼 땅을 움직이고 모양을 만들며 사막에 조화를 부리는 장본인들을 살펴볼까?

● 엄청난 더위와 추위. 익어 버릴 만큼 뜨거운 낮과 얼어붙을 만큼 추운 밤은 사막에 커다란 영향을 미친다. 낮에는 바위들이 뜨거워져 팽창한다. 밤에는 추워서 바위가 수축한다. 그리고 이 과정은 수없이 되풀이된다. 내일도 모레도. 결국 이렇게 데워졌다 식기를 반복하다 보면 바위가 닳을 수밖에.

어느 날 귀를 찢을 듯한 꽈꽝! 소리와 함께 바위 틈새가 갈라지면서 산산조각 나 버린다.
- 구경하기 힘든 비. 사막에선 비가 내리는 법이 없다, 퍼붓기만 할 뿐. 갑자기 퍼붓는 비도 경치를 바꿔 놓을 수 있다. 방금 전만 해도 바싹 말라 있었는데 다음 순간 돌발 홍수가 여러분한테 달려들걸.

돌발 홍수라고 하는 이유는 진짜 갑자기 일어나기 때문.(별거 아니군.) 돌빌 홍수는 바위 옆구리에 깊은 상처를 새기고 많은 양의 모래와 돌멩이를 휩쓸어 버린다. 비가 그치면 물의 속도가 느려지면서 싣고 온 모래들을 버린다. 그리고 증발한다. 흔적도 없이.
- 거친 바람. 바람은 모래 언덕을 쌓아 올리기도 하지만 모래 알갱이들을 불어 땅위에 튀기면서 날리게 한다. 지리학자들은 이것을 약동(saltation 튀어 오른다는 뜻)이라고 한다. 설명하자면 이렇다.

1. 바람이 땅에서 모래 알갱이를 들어올린다.

2. 모래 알갱이가 공중에 튀겨 오른다.

3. 그러다가 땅에 떨어진다.

4. 그러다가 처음부터 다시 시작된다.

5. 모래알갱이는 땅 위를 튀기면서 바람에 날아간다. 통통통!

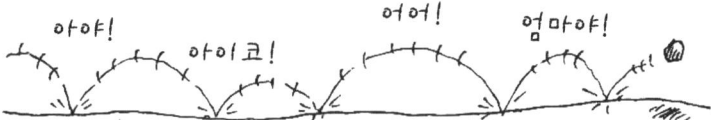

그런데 이것이 땅이 깎이는 것과 대체 무슨 관계냐고? 바람이 사막의 바위 쪽으로 모래를 날려서 바위를 닿게 만드는 거

지. 말하자면 거대한 샌드페이퍼랄까. 하지만 모래가 아주 높이 튀어 오르는 건 아니다. 지면에서 가까운 곳의 바위만 문질러댈 뿐 바위 꼭대기에는 닿지 못한다. 이렇게 몇 년이 계속되면 바위는 마치 거대한 버섯 같은 모양이 된다! 두 버섯의 차이를 알 수 있겠어?

진짜 버섯

볶음밥에 좋은 재료

바위 버섯

사막 풍경에 좋은 재료

여러분도 사막 지형학자가 될 수 있을까?

지형학자(geomorphologist)란 사막의 생김새를 연구하는 지독한 지리학자다. 뭐 따분하고 지루한 모래 과학자라고 불리는 깃보다 낫긴 하나. 여러분노 졸업하면 한번 해 볼 만하지 않을까?(무슨 소리냐고? 여러분은 그렇게 한가하지 않다고?) 다음의 잠깐 퀴즈로 여러분도 재주가 있는지 알아보자.

1. 에르그란 사망을 부르는 사막 질병이다.   그렇다 / 아니다
2. 레그는 다리가 하나인 낙타를 말한다.   그렇다 / 아니다
3. 와디란 말라붙은 사막의 강을 말한다.   그렇다 / 아니다
4. 메사란 산의 한 형태이다.   그렇다 / 아니다
5. 페체페체는 사막에 부는 거친 바람이다.   그렇다 / 아니다
6. 플라야란 소금물 호수이다.   그렇다 / 아니다

정답 :

1. 아니다. 에그에그 하다 죽는 병인줄 알았지? 에르그(erg)는 아랍어로 움직이는 모래 언덕 안의 드넓은 모래 바다를 뜻한다. 아라비아 사막의 외로운 '텅 빈 지역'을 잊지 않았겠지? 룹알할리도 일종의 큰 에르그이다.

2. 아니다. 다리 하나인 낙타가 어딨어? 있더라도 사막을 다니지도 못할 텐데. 레그(reg)는 아랍어로 돌투성이 자갈 사막을 뜻한다. 돌로 포장된 옛날식 도로와 약간 비슷하게 생겼다.

3. 그렇다. 와디(wadi)란 돌발 홍수가 파놓은 깊은 틈 또는 골짜기를 말한다. 아주 오랜 세월 동안 말라 있던 와디가 큰비가 내리면 빗물로 다시 채워지는 경우도 있다. 그렇다면 보기 드문 사막의 강이 생기는 것이다.

4. 그렇다. 지리학에서 메사(mesa)란 꼭대기가 평평한 산을 말한다. 주변의 땅이 모두 침식되어 버리면 우뚝 선 메사만 남는 것이다.

그런데 메사는 에스파냐어로 탁자를 뜻한다. 그렇다고 수저나 식탁보를 갖다 놓을 생각은 말 것. 어떤 메사들은 아주 커서, 그 탁자 위에 마

을 하나를 온전히 차려 놓을 수도 있다.

5. 아니다. 페체페체(feche feche)는 사실 아주 부드러운 모래 늪인데 표면은 단단한 껍질로 감쪽같이 위장하고 있다. 크기는 겨우 몇 미터 또는 몇 킬로미터가 될 수도 있다. 무슨 일이 있어도 페체페체는 피하도록. 차를 탔을 때는 말할 것도 없고. 끔찍하게 가라앉을 수도 있으니까.

6. 그렇다. 플라야(playa)는 보통 바싹 말라 있지만 폭우가 내린 후엔 물로 채워진다. 빗물이 햇볕에 마르면 햇볕에 마른 소금층이 남게 된다. 플라야는 지구상에서 가장 평평한 곳이다. 팬케이크처럼 판판하니까. 이건 우주왕복선 비행사들에게는 좋은 소식이다. 왜냐구? 미국 캘리포니아에 있는 드넓은 한 플라야는 우주왕복선 착륙 장소로 쓰이고 있거든. 우주적이지?

좋다. 지금까지 여러분은 며칠 동안 잘도 걸어 왔다. 모래 언덕과 바위 버섯은 평생 못 잊을 만큼 실컷 보았겠지. 하지만 아직 생물은 만나지 못했다. 식물이나 동물, 인간 말이다. 지금쯤 슬슬 외로움을 느낄 때도 됐는데. 친구가 바싹 그립다고? 좋은 소식이 있지! 다음 장으로 터벅터벅 가면서 무엇이 여러분을 기다리고 있을지 상상해 보도록…

혹 하나, 혹 둘?

 겉보기에 사막은 쥐 죽은 듯 고요하고 쓸쓸할지 모르지만 지리학에서는 사물이 꼭 겉보기와 같은 건 아니다. 못 견디게 모진 조건에도 불구하고 바싹바싹 사막은 놀랍도록 활기차며 많은 생물들이 살고 있다. 수백 종에 이르는 강인한 식물과 동물에게 사막은 즐거운 나의 집이다. 그렇게 더운데 녀석들은 왜 헉헉거리거나 괴로워하지 않을까? 펄쩍 놀랄 일이 많으니 단단히 각오하도록.

그늘이 서늘서늘

 두 시간 지리 수업이 절망적이라고 여기는 사람은 사막에서 하루만 지내 보도록. 내키지 않는다고? 모래 속에 머리를 박고 있으면 괜찮다니까! 다행히도 모래 속에는 사막을 집이라고 부르는 용감한 생물들이 꽤 있거든. 그런데 녀석들은 대체 어떻게 사막에서 살아갈까?

 어떻게 그 더위와 가뭄을 견뎌 낼까? 그들이 목숨을 유지하는 비법은 크게 두 가지가 있다.

1) 물을 찾는다. 모든 생물이 살아가려면 물이 필요하다.(여러분도 마찬가지.) 물이 없으면 몸은 제 기능을 못 하게 된다.
2) 시원한 곳을 찾는다. 사막은 덥다. 무지 뜨겁다. 낮에는 더욱 그렇다.(여러분이 동물을 별로 보지 못한 것도 그 때문이다. 다들 어디선가 쾌적하고 시원한 곳에서 단잠에 빠져 있다. 쿨쿨쿨-)

뭐, 여러분의 지리 시간에는 물과 시원한 곳, 이 두 가지를 찾는 건 문제될 것이 없겠다. 지붕은 새고 히터는 영 작동을 안 하니까. 하지만 사막에서 이 두 가지는 생사가 달린 문제다. 그럼 시원시원 퀴즈로 사막 생물들이 어떻게 살아가는지 알아볼까?

시원시원 퀴즈

1. 딱정벌레는 무얼 마실까?
① 비
② 안개
③ 선인장 즙

2. 사막꿩은 어떤 방법으로 새끼들한테 물을 가져다 줄까?
① 부리에 넣어서
② 양동이에 넣어서
③ 깃털 속에 넣어서

3. 땅다람쥐는 무엇을 양산으로 사용할까?
① 자기 꼬리

② 자기 짝

③ 낙타

4. 사막거북은 어떻게 몸을 식힐까?
① 등껍질 속에 몸을 숨겨서
② 뒷다리에 오줌을 누어서
③ 머리에 침을 발라서

5. 페넥여우의 귀는 어떤 용도로 쓰일까?
① 라디에이터
② 선풍기
③ 부채

6. 쟁기발개구리는 어떻게 더위를 견딜까?
① 물 속에 살면서
② 선인장 밑에 살면서
③ 땅 속에서 자면서

7. 캥거루쥐는 얼마나 자주 물을 마실까?
① 한 번도 안 마신다
② 일 년에 두 번
③ 한 달에 한 번

8. 뱀은 어떻게 뜨거운 모래 위를 데이지 않고 지나갈까?
① 낙타 다리에 무임승차해서

② 모래 위를 날아서
③ 옆 방향으로 미끄러져서

정답:

1. ②, 이 딱정벌레는 몇 달 동안 비가 내리지 않는 나미브 사막에 산다. 그렇다면 물 한 방울 구할 수 없을 때는 무얼 마실까? 그렇다. 이 똑똑한 곤충은 근처 바다에서 밀려오는 안개를 마신다. 안개 자욱한 밤이면 녀석은 해변의 모래 언덕에서 물구나무를 한 채 허공에 대고 뒷다리를 흔든다. 안개 속의 물방울이 자기 몸에 묻어나면 녀석은 물을 입 안에다 떨어뜨린다. 정말 똑똑하지?

2. ③, 사막꿩은 타는 듯한 사하라의 모래 속에 알을 낳는다. 문제는 목마른 새끼들이 마실 만한 물이 전혀 없다는 것. 그래서 사막꿩 수컷은 오아시스로 날아가 물 속으로 뛰어든다. 녀석의 깃털은 스펀지처럼 물을 빨아들이도록 특이하게 만들어져 있다. 집에 돌아오면 새끼들은 아빠의 깃털을 빨아서 물을 마신다. 간단하다. 사막꿩 수컷은 극성 아빠다. 물을 길어 오려면 100킬로미터 이상은 왕복해야 하는 경우가 많은데 말이다.

3. ①, 칼라하리의 땅다람쥐는 크고 북실북실한 꼬리를 양산으로 쓴다. 뜨거운 몸 위로 꼬리를 멋진 각도로 세워서 되도록 큰 그늘을 만든다.
4. ②, 날씨가 정말로 더워지면 사막거북은 뒷다리에 온통 오줌을 눈다. 믿기지 않겠지만 진짜다! 오줌이 햇볕에 마르면서 통구이가 되기 직전인 거북을 식혀 준다.
5. ①, 페넥여우는 커다란 귀를 사용해서 체온을 내보낸다. 털 달린 커

다란 라디에이터라고나 할까. 두 귀의 표면에는 따뜻한 피를 옮기는 혈관이 지나가는데 귀에 공기가 스치면서 피를(그리고 여우를) 식혀준다. 물론 페넥여우의 귀는 훌륭한 여우의 귀이므로 군침 도는 게르빌루스 쥐의 소리를 듣는 건 기본이지. 냠냠!

6. ③, 쟁기발개구리는 시원한 땅굴 속에서 아홉 달 동안 잠을 잔다. 흐뭇하게 축축한 미소를 흘리면서. 그러다가 빗방울이 떨어지기 시작하면 펄쩍 행동 개시. 가장 가까운 웅덩이로 부리나케 달려가서 물 속에 알을 낳는다. 2주 만에 알은 올챙이가 되고, 올챙이는 개구리가 되고, 이들 개구리는 사막으로 폴짝 뛰어간다. 그리고는 다시 잠잘 시간.

7. ①, 믿거나 말거나지만 캥거루쥐는 물을 전혀 안 마신다. 녀석들은 필요한 물을 전부 씨앗에서 얻는다. 목마른 매나 코요테 역시 물을 안 마셔도 된다. 이들은 갈증을 달래주는 캥거루쥐를 꿀꺽 삼키면 그만이니까.

8. ③, 사이드와인더방울뱀에겐 낮 동안 뜨거운 모래 위를 지나는 멋진 묘기가 있다. 몸을 옆으로 던져서 모래 위를 날아가는 것이다. 이렇게 하면 몸은 단 몇 초 동안만 모래에 닿으므로 뜨거운 모래에 데이지 않는다. 그러나 보통 사이드와인더방울뱀은 한낮의 더위를 피해서 날이 서늘해진 밤에만 밖으로 나오려고 한다.

방울소리 내며 구르는 뱀

사막에 사는 뱀 중에는 독이 있는 게 많다. 그것도 치명적인 독이. 게다가 이 녀석들의 몸 색깔은 모래색과 거의 똑같아서 알아보기가 무척이나 힘들다. 방울뱀은 특히 독이 강하기로 유명하다. 그러나 방울뱀이 보기만큼 진짜로 사악할까? 꽤 오래 전 우리는 방울뱀에 관해 좀더 알아보기 위해 〈지구 일보〉 기자를 보냈다. 그리고 인터뷰할 상대는 방울뱀에 관한 세계 최고의 권위자이자 일명 미스터 방울뱀인 로렌스 엠 클로버(Laurence M. Klauber: 1883~1968)이다. 그는 35년 동안 방울뱀을 연구하고 해부하면서 방울뱀에 관해 글을 썼다. 그가 모른다면 아무도 모르는 것이다. 그럼 지금부터 그의 인터뷰 내용을 살펴보도록 할까?

제가 어릴 때요. 캘리포니아에 살았거든요. 방울뱀들이 많이 사는 사막과 그리 멀리 떨어지지 않은 곳이었죠. 전 파충류에 완전히 미쳐 있었어요. 하지만 나이 40이 되어서야 방울뱀을 진지하게 연구하기 시작했죠.

전기 회사에서 일했어요. 처음엔 전기 간판을 팔다가 나중에는 사장이 되었죠. 정말 운이 좋았어요. 하지만 전 항상 파충류에만 관심이 있었어요.

일은 왜 그만두셨나요?

파충류와 좀더 많은 시간을 가지고 싶었어요. 그래서 샌디에고 동물원의 파충류관 관장이 되었죠. 거기엔 몇몇 뱀들이 있었는데 그 뱀들을 분류하지 못해서 저에게 도움을 청했거든요. 그 후 난 거기에 눌러 앉았어요. 꿈이 이루어졌으니까요!

일거리를 집에 가져가시나요?

그럼요. 우리 집 지하실에 3만 5천 마리의 방울뱀을 데려다 놓고 병에 절인 파충류들을 분류했는걸요.

흐억! 그 많은 뱀들은 어디서 데려 왔는데요?

주로 사막에서요. 혹시 기 보고 싶다면 봄밤이 가장 좋은 때예요. 그 때가 방울뱀들이 가장 활동적이거든요. 녀석들을 잡아넣는 데는 마대자루가 최고예요.

아니, 괜, 괜찮아요. 전 빠질게요.
그런데 방울뱀들이 진짜로 치명적인가요?

녀석들한테 잘 해 주면 그렇지 않아요. 녀석들은 신경을 거슬리게 할 때에만 고약해지죠. 괜히 건드리지 않으면 공격하지 않을 걸요. 하지만 혹시라도 방울소리를 울리기 시작하면 조용히 돌아서서 자리를 피하세요. 무얼 하든 거리를 두는 게 좋습니다.

명심하도록 하죠. 혹시 방울뱀에 물린 적 있으세요?

실은 있어요. 하지만 한두 번뿐이었죠. 운이 좋았어요. 독성이 강한 뱀은 아니었으니까. 가장 위험한 방울뱀은 동부의 '다이아몬드백'입니다. 무늬 때문에 알아보기가 힘든 데다 녀석한테 물리면 치명적이거든요.

그렇군요. 그렇다면 방울뱀의 소리기관에 관해 모든 걸 말씀해 주시죠.

딸랑 딸랑!

방울뱀의 음향 기관은 꼬리의 끝에 있는 속이 빈 비늘 고리입니다. 뱀이 이것을 흔들면 윙윙 소리가 나는데 사실 굉장히 으스스하게 들리죠. 그 뜻은 적한테 건드리지 말라는 경고입니다. 자칫 건드렸다간 뱀이 공격할 겁니다. 그리고 꼬리에 달린 음향 기관의 수는 각각의 방울뱀을 구분하는 방법이 되지요.

물리지 않는 비결이 있나요?

그 여자 어디 갔어?

있어요. 질긴 장화를 신고 길고 두꺼운 바지를 입으세요. 그게 제일 안전해요. 그러면 괜찮을 겁니다. 혹시 물렸을 때는 빨리 병원에 가셔야 합니다. 이런, 괜찮으세요?

★ 요건 몰랐을걸!

방울뱀 퇴치 바지 같은 건 잊어버리도록. 사실 바싹바싹 사막에서 가장 무서운 녀석은 사막 메뚜기이다. 이 작은 녀석은 혼자 있으면 보잘것없고 해롭지 않게 보인다.(여러분 엄지손가락에 기분 좋게 앉아서 쉴 수도 있다.) 그러나 녀석들은 절대 혼자 다니지 않는다. 보통 1억 마리씩 대 군단을 이루어 날아다닌다. 그것도 엄청나게 굶주린 녀석들이! 이 메뚜기들은 눈에 보이는 식물은 죄다 먹어치우면서 농장을 싹 쓸어버린다. 이들이 하루에 먹어치우는 식량은 500명이 1년을 먹을 양이다. 농부들은 초강력 살충제를 뿌려왔지만 이들의 무시무시한 식욕을 막을 것은 아무 것도 없는 듯.

사막의 달리기 대회

여러분이 더 잘 뛸 수 있다고요? 완벽한 사막 동물이 되기 위한 새롭고 재미난 경주에 참가해 보세요. 대망의 우승자에겐 낙타를 타고 세계 최대의 사하라 사막을 지나는 잊지 못할 여행 기회를 드립니다.(나도 끼워주실 거죠?) 명심하세요, 여러분은 찌는 더위와 얼어붙는 추위, 모래폭풍과 먼지, 물 부족을 견딜 수 있는 동물들과 경쟁해야 합니다. 그래서 아주 특별해야겠죠. 아직도 모르시겠다고요? 힌트를 드리죠. 사막 동물 달리기 대회의 강력한 우승 후보는 따로 있죠.(예쁜 동물 대회는 절대 가망 없음.) 그것의 생존술은 누구도 따를 수가 없거든요. 누구인지 아시겠어요? 포기했다고요? 물론 답은 … 적응력이 놀라운 … 나 타고 너 타고 … 낙타입니다. 고양이나 개는 비교도 안 되죠. 낙타는 제가 좋아하는 동물이기도 해요. 저의 카밀라를 모델로 세워 봤어요 ….

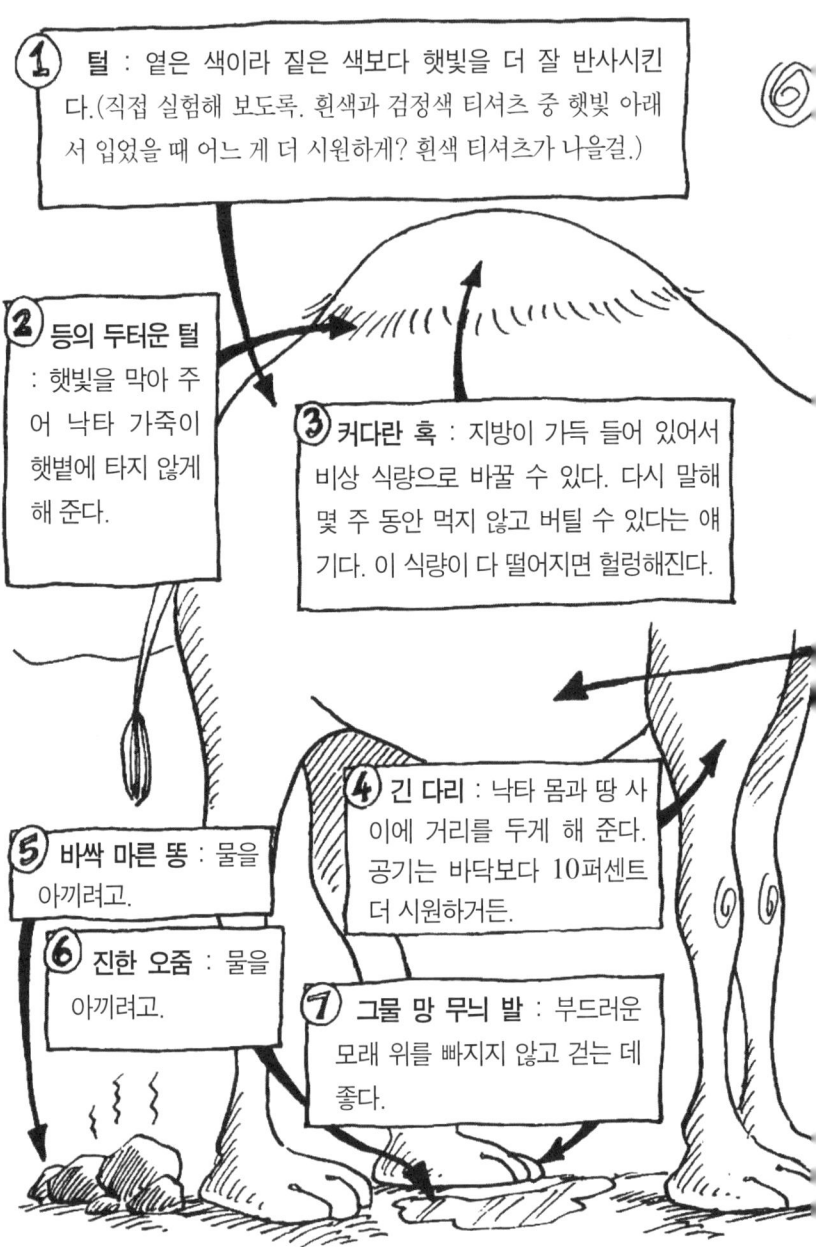

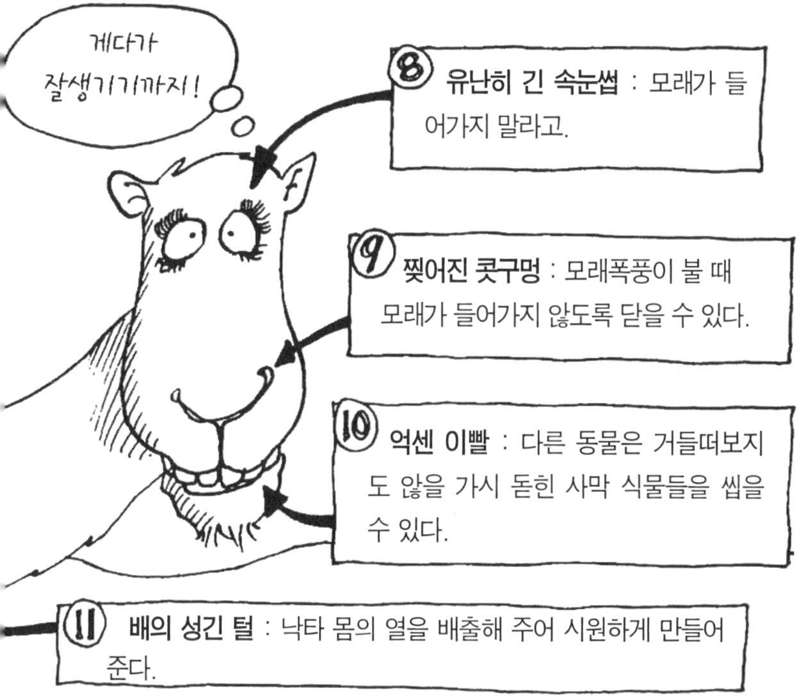

(게다가 잘생기기까지!)

⑧ **유난히 긴 속눈썹** : 모래가 들어가지 말라고.

⑨ **찢어진 콧구멍** : 모래폭풍이 불 때 모래가 들어가지 않도록 닫을 수 있다.

⑩ **억센 이빨** : 다른 동물은 거들떠보지도 않을 가시 돋힌 사막 식물들을 씹을 수 있다.

⑪ **배의 성긴 털** : 낙타 몸의 열을 배출해 주어 시원하게 만들어 준다.

곱사등이 낙타에 관한 몇 가지 사실

1. 여러분은 낙타들을 구분할 수 있는지? 간단하다. 혹의 수를 세어 보면 된다. 혹이 하나인 낙타는 말 그대로 단봉낙타(dromedary)라고 하는데 아랍과 아시아, 아프리카에 산다. 혹이 두 개인 것은 쌍봉낙타(bactrian)이다. 이 녀석들은 고비 사막에

(외투 입는 걸 잊어먹지 않아서 다행이야!)

사는데 추운 겨울이면 무성한 털외투를 걸치고 겨울을 난다.

2. 낙타는 물 한 방울 마시지 않아도 몇 날 며칠을 걸을 수 있다. 물론 그러면 엄청나게 목이 마르지만. 그러다가 물을 만나면 벌컥벌컥 마시는데 한꺼번에 자그마치 130리터나 삼킨다. 단 15분만에! 이것은 캔 음료수 400개를 마시는 것과 같다. 여러분이 그랬다간 배가 터져 버릴걸.

3. 여러분은 지구 최초의 낙타를 알아보지 못 할 것이다. 옛날 낙타는 다리가 굵고 짤막했고 크기는 돼지 정도였다. 그리고 혹도 없었다. 이들은 4천만 년 전 북아메리카에 살았다.(지금 그곳엔 낙타가 살지 않는다.)

4. 낙타들은 정말 쓸모가 많다. 우선 물이나 먹이가 없어도 먼 길을 갈 수 있다. 그리고 100킬로그램(여러분과 친구 두 명까지 합친 무게)의 짐을 실어 나른다. 텐트를 싣기에도 아주 편리하다. 게다가 자동차 같은 교통수단과는 달라서 낙타는 모래 늪에 빠지는 일도 없다.

5. 일부 사막 부족들은 낙타에 의존해서 생활한다. 이들은 낙타 시장에서 낙타를 사고 판다.(하얀 낙타가 가장 비싸다.) 그들은 낙타가 많을수록 더 행복하게 여긴다. 20마리 이하는 자랑할 것도 못 되지만 50마리 이상이면 부자로 쳐준다. 또한 낙타는 훌륭한 결혼 선물이 된다.

6. 여기서 끝이 아니다. 사람들은 낙타 털로 천막이나 카펫을 만들고, 낙타 가죽으로 가방과 밧줄을 만든다. 심지어는 낙타 오줌으로 머리를 감기도 한다. 머릿결이 눈에 띄게 좋아지고 반

짝거리게 될 뿐 아니라 귀찮은 머릿니까지 없애 준다. 용감한 사람은 해 보도록.

7. 낙타 젖엔 몸에 좋은 성분이 가득하고 우리에게 꼭 필요한 비타민 씨(C)가 많다.(비타민 씨(C)는 이와 뼈에도 좋다. 잠자리에 들기 전에 낙타 젖을 마시기 싫은 사람은 야채나 과일로 비타민 씨(C)를 섭취할 것.) 낙타 젖은 그냥 마셔도 되지만 약간 썩혀서 먹거나 맛있는 요구르트를 만들어 먹을 수도 있다. 낙타 요구르트는 묽은 캐러멜 비슷한 맛이 난다. 한번 먹어 볼래?

캐러멜 맛 낙타 요구르트 만들기

재료 :
- 낙타 젖 약간

준비물 :
- 커다란 냄비
- 염소가죽으로 만든 자루
- 나뭇가지 세 개를 엮은 삼발이
- 밧줄 약간

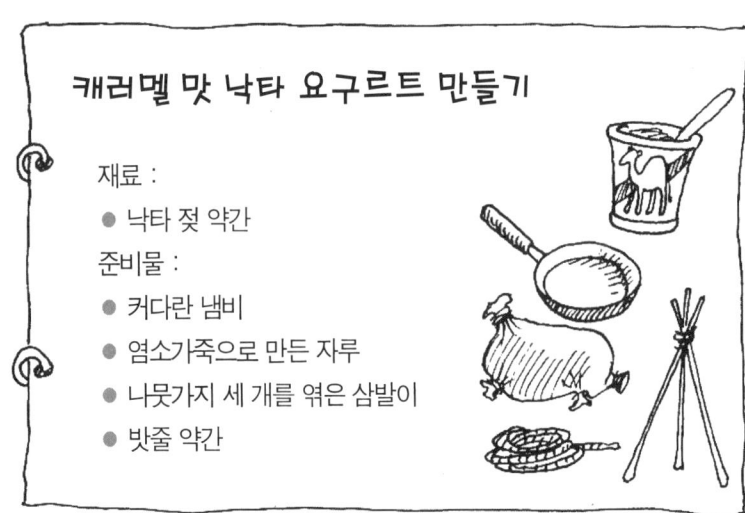

만드는 법:

1. 낙타 젖을 짠다. (낙타한테 채이지 않게 조심한다.)

2. 낙타 젖을 냄비에 넣고 불 위에서 데운다

3. 낙타 젖이 따뜻해지면 염소가죽으로 만든 자루에 붓는다.

4. 밧줄을 사용해서 부대를 삼발이에 매단다.

5. 부대를 충분히 흔든다. 몇 분마다 흔들어 주면서 두 시간 반 동안 계속하면 낙타 젖이 설쭉해진다.(팔이 좀 아플 수도 있다.)

6. 마지막으로 그릇에 부어서 친구들한테 대접한다.(용기가 있다면….)

사막 식물의 딜레마

 사막의 식물들에게 삶이란 고단한 것이다. 식물도 동물들처럼, 살기 위해선 물이 필요하다. 물이 없으면 시들어서 죽게 된다. 사실 식물들도 물이 있어야 양식을 만드는 것이다. 정말 꼭 있어야 하겠지? 그런데도 엄청나게 많은 종의 씩씩한 식물들이 바싹 마른 사막에서 살고 있다. 도대체 어떻게 살아갈까? 그야말로 엄청난 기적이다. 그 중에서도 가장 유명한 사막 식물, 하늘을 찌를 듯한 서와로선인장(saguaro cactus)은….

이 식물을 찾습니다

이름 : 서와로선인장
알려진 주소 : 미국 소노란 사막
인상 착의 : 키 18미터, 몸무게 10톤.
나이 : 많게는 200살쯤.
두드러진 특징 :

- 두꺼운 줄기 : 8톤의 물을 저장할 수 있음.
- 울퉁불퉁 홈 : 물을 가두기 좋도록 줄기의 부피를 두 배로 늘려 줌.
- 미끌미끌 피부 : 물기가 달아나지 않게 함.
- 날카로운 가시 : 잎이 넓으면 수분이 많이 빠져나가지만 뾰족한 가시 덕에 수분을 덜 잃게 됨. 또한 가시 그늘은 햇볕을 막아 줌. 선인장을 갉아먹으려는 동물을 물리치는 효과도 있음.
- 뿌리 : 얕고 여러 갈래여서 빗물이 땅에 닿는 대로 신속하게 많은 양을 빨아들일 수 있음.
- 쇠참새올빼미 : 이 선인장 안의 구멍에 둥지를 틈. 쇠참새올빼미가 있는 곳에 서와로가 있을 가능성이 큼. (엄격히 말해 두드러진 특징은 아님.)

알려진 패거리 : 대표적으로 배럴선인장, 테디베어선인장, 비버테일선인장, 올드맨선인장, 고슴도치선인장, 오르간파이프선인장 등을 비롯해 약 2,000종임.

알려진 적 : 막무가내 선인장 도둑들. 사막에서 허가 없이 선인장을 훔치러 돌아다님. 이들은 선인장을 실어다 원예업자에게 팔고 있음. 훔친 선인장 가격은 5미터 짜리가 약 1,200달러이며 가지는 하나에 50달러씩 더 쳐줌. 애리조나에는 선인장 도둑만 잡는 전담 경찰이 있음.

주의 : 이 식물은 가시로 무장하여 위험함. 성격 또한 가시가 돋친 듯 못됐으니 가까이 가지 않도록. 아무리 물을 마시고 싶어도 안 됨. 물 마시고 싶어 죽고 싶을 땐 더더욱 안 됨.
이 선인장 즙엔 무서운 독이 있음.

바싹바싹 사막 파일

이름 : 소노란(Sonoran) 사막
위치 : 미국 남서부와 멕시코
크기 : 31만 제곱킬로미터
기온 : 더운 여름에는 섭씨 41도 이상, 추운 겨울에는 3도 이하
강우량 : 연 50~250밀리미터
사막 유형 : 고압대 사막
사막 정보 :

- 프롱혼과 퓨마 등 수많은 야생동물의 보금자리이다.
- 지진이 종종 일어난다. 지구의 거대한 틈인 산안드레아스(San Andreas) 단층에 가까이 있기 때문이다.
- 북아메리카에 있는 사막 중 하나이다. 그밖에도 그레이트베이슨 사막, 모하비 사막, 페인티드 사막, 치와완 사막이 있다.(그래, 강아지 이름 비슷하지?)

아름답게 피는 사막

물론 사막에선 선인장이 가장 유명한 식물이겠지만 다른 식물들도 많아요. 전 여행하다 기막히게 자라는 식물들을 봤답니다. 이 바싹 마른 식물들이 생명수를 찾는 데는 몇 가지 방법이 있죠. 정말 기가 막혀요.
가장 깊게 뿌리를 내리는 사막 식물은 매력적인 메스키트(mesquite)라는 관목 식물이에요. 뿌리가 무려 20미터나 되기 때문에 땅 속의 물까지 접근할 수 있죠. 그 사막 밑 깊은 땅 속으로 뿌리를 뻗어서 지하수를 빨아들이는 거예요.
20미터나 되는 빨대로 물을 마시는 셈이죠.
크레오소트(creosote)라는 관목 식물은 그 반대예요. 작은 뿌리를 여러 갈래로 넓게 멀리 뻗어서 사막 표면에 있는 이슬과 비를 빨아들인답니다. 꽤 똑똑하죠?

나미브 사막의 기상천외한 웰위치아(welwitschia)는 거대한 순무처럼 생겼어요. 적어도 제가 보기엔 그래요. 꼭대기에서 뻗어 나온 길고 질긴 이파리가 다르다면 다르지만. 이 특이한 식물은 잎이 두 개밖에 안 나는데 그 잎이 3미터까지 자라죠. 잎이 땅을 기어가면서 불쌍할 정도로 너덜너덜해지는데 그게 굉장히 도움이 돼요. 먼바다에서 불어오는 안개를 빨아들여서 갈래머리 웰위치아에게 물을 공급해 주니까요.

이야, 내 아침밥이다.

최고는 아니지만 그럭저럭 제가 개인적으로 좋아하는 식물이죠. 여러분도 알다시피 사막은 거의 항상 바싹 건조하고 삭막하게 보이죠. 그나마 비를 구경할 수 있는 때가 여름인데, 여름엔 모든 게 달라져요. 사막에 꽃들이 만발한답니다. 어떻게 그럴 수 있냐고요? 땅 밑에는 수많은 씨앗이 있거든요. 마지막 비가 내린 때부터 몇 달 심지어는 몇 년을 그렇게 지내죠.

 그런데 이 식물들은 꽃 피우기 좋은 때를 어떻게 알까? 그 진실은 이 비밀스런 씨앗들이 아주 특별한 껍질을 쓰고 있다는 데 있다. 껍질에는 비가 충분히 올 때까지 씨앗이 싹트지 않도록 막아 주는 화학물질이 들어 있다. 비가 땅속으로 스며들어 그 껍질을 씻겨 내릴 만큼 충분히 올 때까지 말이다. 그건 다행스러운 일이다. 만약 살짝 내린 비에 싹을 틔웠다간 해가 다시 나면 얼마 안 가 시들어 죽을 테니까.

그리고 마침내…

　사실 비밀스럽기로는 송사리 비슷한 '데블스 홀 퍼프피시(devil's hole pupfish)' 만한 것이 없다. 녀석의 집이라고 해 봐야 사막 한가운데 있는 작은 지하 웅덩이이다. 나머지 서식지는 모두 말라 버린다. 그래서 불쌍한 퍼프피시는 아무 데도 갈 곳이 없다. 이 물고기는 집에 갇혀 있는 기분이 어떨까? 여러분이 영원히 지리 수업 시간에 갇혀 있다고 상상해 보도록. 정말 생각만 해도 끔찍하지?

고달픈 사막 생활

사막 생활은 낙타들에겐 괜찮을지도 모른다. 하지만 사람은 어떨까? 사막이 너무 더워서 사람은 살 수 없다고? 글쎄, 못 믿겠지만 그렇지 않다. 험하고 모진 조건에도 불구하고 자그마치 6억 5천만 명이, 세계 인구의 13퍼센트가 삭막한 사막에서 살고 있다. 아주 오래 전부터 그렇게 살아 왔다. 그들은 여러분이 스스로 부끄러워질 정도로 더위를 이기고 물을 찾는 방법을 개발해 왔다. 하지만 그런 일이 쉬울 거라는 어리석은 생각은 하지 말자. 사막에서 살기란 끔찍할 만치 고달프다. 그 사람들이 어떻게 살아가는지 배울 준비는 됐는지? 그럼 아프리카 칼라하리 사막에서 산 족과 샌디와 함께 하루를 지내보도록….

> **나의 수첩**
> **산 족의 하루 생활 체험기**
>
> 샌디 씀
>
> 안녕하세요, 샌디예요. 산 족 사람들과 함께 하루를 지내기 위해 칼라하러 사막에 왔어요. 여기 와서 얼마나 기쁜지 말로 다 할 수 없네요. 이 사람들이야말로 사막에서 사는 방법을 아는 사람들이라고 할 수 있죠. 분명 여기서 몇 가지는 배울 수 있을 거예요.
>
> 대서양   남아프리카   인도양
> 칼라하리 사막

새벽

　새벽이다. 일어나서 불을 피울 시간이다. 사막에서 맞는 아침의 첫인상은 꽤 춥다는 것. 담요를 가져와서 다행이다. 물론 사막에는 화장실이 없다. 하지만 덤불은 좋은 화장실이 된다. 물도 없다, 적어도 낭비할 물은 없다는 얘기다. 그래서 산 족은 세수하는 대신 붉은 모래를 몸에 문지른다. 사실 효과도 괜찮다. 아침 식사는 죽 두 숟가락이다.

더러움　　　　　깨끗함

참고 :
　산 족의 전통적인 방법으로 불을 피우려면 발화용 송곳이 있어야 한다. 아니, 밟으면 발이 화끈거리는 뾰족한 송곳 말고. 발화용 송곳이란 긴 막대기 두 개로 된 것이다. 한 막대기에는 구멍이 있어서 다른 막대기를 끼우게 되어 있다. 그런 다음 긴 막대기를 두 손으로 계속 돌려서 불꽃을 일으킨다. 연습만 많이 한다면 간단하다!

막대기를
앞으로 뒤로
돌린다…

아주 빠르게!

아침

아침 식사를 먹고 남자들은 사냥을 떠난다. 짐은 아주 가볍다. 사냥꾼들은 저마다 사냥용 창과 활, 화살, 땅 파는 막대기(물을 찾기 위해), 발화용 송곳이 든 자루를 가져간다. 이번에는 그들을 따라가지 못했지만 한 사냥꾼이 사냥 과정을 말해 주었다. 이들은 몇 시간이고 사막을 걸어가다가 마침내 영양의 발자국을 발견하고 따라간다.(칼라하리에는 특이한 야생동물들이 더러 있다. 영양뿐 아니라 코끼리와 기린도 있다. 이런 동물을 찾기란 아주 힘든 일이다. 다행히도 산 족 사냥꾼들은 이 사막을 손바닥 보듯 훤히 알고 있다.)

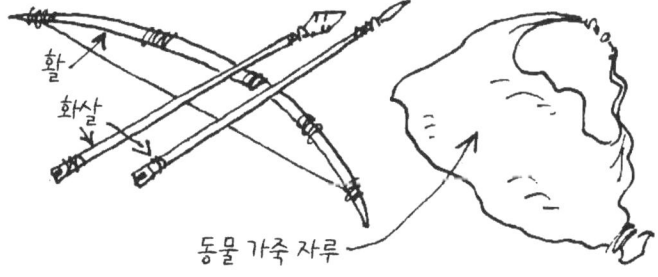

활
화살
동물 가죽 자루

이들은 영양을 쫓아가서 화살을 쏜다. 화살 끝에는 아주 작지만 치명적인 딱정벌레에서 짜낸 독이 발라져 있다. 영양이 살아날 도리가 없다.

야영지에서는…

남자들이 떠난 사이, 여자들은 아이들과 함께 먹을 씨앗이나 뿌리를 구하러 사막으로 떠난다. 씨앗과 뿌리는 산 족이 날마다 먹는 주식이다. 하지만 충분한 양을 구하는 게 쉬운 일은 아니다. 나는 내 물통의 물을 마시느라 대부분의 시간을 축낸다. 산 족 여자들이 나를 보고 웃는다. 이들에게 물통이 필요 없다. 목이 마르면 모래 위로 고개를 내민 바싹 마른 작은 식물을 찾는다. 용케도 그런 걸 잘도 알아낸다. 내가 보기엔 그냥 마른 가지처럼 생겼는데. 그런 다음엔 모래를 파낸다. 그 잔가지는 사실 커다랗고 둥근 뿌리혹(부풀어 오른 식물 줄기)에서 나온 것이다. 뿌리혹을 짜면 물이 나온다. 정말 놀라운 방법이다.

뿌리혹

남는 물은 타조알 껍질 속에 저장하고 꽉 봉한 뒤 나중을 위해 알 껍질을 묻어 둔다.

참고 :

산 족은 물 찾기의 명수들이다. 전통적인 '홀짝 우물'을 만드는 방법을 소개한다:

1. 축축한 땅을 찾아서 깊이 구덩이를 판다.
2. 그 구덩이에 속이 빈 갈대를 꽂아 넣는다. 빨대를 꽂듯이.
3. 갈대 끝이 밖으로 조금 나오게 구덩이를 메운다.
4. 서서히 빨대 끝 주변으로 물이 모인다.
5. 목이 마르면 그걸 홀짝홀짝 빨아 마시면 된다.

같은 날 오후

우리가 야영지로 돌아온 잠시 후 남자들이 도착했다. 영양을 잡아온 것이다. 이들이 영양을 요리하는 방법은 정말 기발하다. 우선 남자들이 가죽을 벗긴 영양을 뜨거운 모래 속의 구덩이에다 묻는다. 그리고 구덩이에 불을 피운 다음 전체를 모래로 덮는다. 고기가 익으면 길게 조각 낸다. 기막히다. 드디어 만찬 시간! 모두가 배고프다. 버릴 게 하나도 없다. 고기 일부는 곧바로 먹어 버린다.(사실 참 맛있다.) 일부는 남겨 두고 또 겨울에 대비해서 말려 둔다. 영양 가죽으로는 자루나 옷을 만들고, 뼈는 화살을 만드는 데 쓴다. 산 족은 심지어 영양 귀 속의 지저분한 것까지 다 먹는다. 어쨌거나 다시 영양을 잡을 때까지는 한참이 걸릴지도 모르니까.

저녁

만찬이 끝나고 모두가 배가 부르면 산 족은 밤늦도록

모닥불 주변에서 노래하고 춤을 춘다. 이것은 좋은 날의 사냥감을 주신 정령들에게 감사드리는 행위라고 말해 준다. 춤은 또 아픈 사람을 낫게 해 주는 효과도 있다고 믿고 있다. 산 족의 노래는 조상들을 기억하고 비의 정령을 부르는 내용이다. 길고 힘들었던 하루의 평화로운 마무리이다. 이제 정말 잠을 자야 할 시간이다.

아무 데서나 쓰러져 자고 싶지만 내 자리는 따로 정해져 있다. 마른풀을 엮어 만든 간단한 벽 뒤의 맨 땅이다. 산 족은 저마다 잠자리가 정해져 있다. 날은 건조하고 바람은 잦아들었다. 좋은 밤이 되길….

이튿날

새벽에 일어났다. 이제 산 족이 얼마 안 되는 짐을 꾸려 다른 야영지로 떠날 시간이다. 이들은 한 장소에 며칠 이상 머물 수 없다. 식량과 물이 충분하지 않기 때문이다. 나도 작별 인사를 해야 할 시간이다.

산 족과 보낸 시간은 즐거웠다. 이들은 매우 친절하며, 힘들게 살면서도 손님을 따뜻하게 대해 준다. 겨우 하루를 지냈지만 이들이 어떻게 계속 그런 생활을 하는지 존경스럽다. 다시는 어떤 것에도 불평하지 말아야겠다.

참고 :

산 족은 3만 년 동안 사막에서 살아온 부족이다. 그러나 오늘날 이들의 생활은 바뀌고 있다. 많은 수가 부당하게 이들의 땅을 떠나도록 강요받고 있다. 강제로 노시 탄 자촌에 정착해야 하는 것이다. 이들에게는 무서운 일이다. 일부 산 족은 자신들의 집과 고대 문화를 지키기 위해 필사적으로 싸우고 있다. 그렇지 않으면 산 족과 산 족의 전통적인 사막 생활의 기술은 영원히 사라질 것이다. 그건 정말 끔찍한 비극이다.

선생님 질문이요

여러분이 진짜, 진짜로 선생님 말문을 막히게 하고 싶다면 갈증에 대한 의학적 설명 따위는 접어두자. 선생님을 완전히 헷갈리게 하고 싶을 때는 클릭어를 말하도록. 우선 "//크하"라는 단어부터 시작하자. 중요한 비결. 클릭어를 말하는 데는 얼굴을 잘 찡그리는 게 도움이 된다. 준비됐지? 우선 혀를 입 양쪽에서 재빨리 뗀다. 쯧쯧하고 혀를 찰 때처럼. 다음엔 'ㅋ'와 'ㄱ'의 중간 소리를 낸다. 이번에는 사레들렸을 때처럼 목이 졸리는 듯한 소리를 낸다.(진짜 목을 조르지는 말고.) 그런 다음에 '아아아' 소리를 내면 끝이다. 잘들 알아들었지? 거울을 보면서 연습할 것.

그런데 그게 무슨 말이냐고?

옮긴이: 클릭어는 뿌리가 아주 오래된 말이다. 클릭어를 쓰는 종족으로는 남부 아프리카의 부시맨과 호텐토트, 그 북쪽의 산다웨와 하차, 남아프리카의 코사 족 등이 있다. 또 사라진 탄자니아의 크위 족과 같이 클릭어를 쓰는 종족도 있다.

바싹바싹 사막 파일

이름 : 칼라하리 사막   위치 : 남부 아프리카
크기 : 160만 제곱킬로미터
기온 : 더운 여름에는 최고 섭씨 49도, 추운 겨울에는 영하까지
강우량 : 1년에 130~460밀리미터
사막 유형 : 고압대 사막 및 내륙 사막
사막 정보 :

- 대부분이 1만 년 전에 형성된 모래 벌판과 모래 언덕으로 이루어져 있다.
- 줄기에 물을 저장하는 이상한 바오밥 나무가 산다. 다 자란 바오밥 나무는 몸통을 둘레가 30미터나 된다.

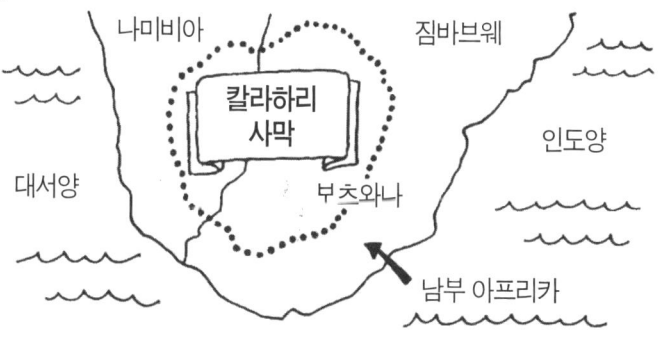

- 또한 세계에서 가장 큰 새인 타조가 산다. — 타조가 낳는 알은 새알 중 가장 크다. 알이 크니까 물을 저장하기에 '알' 맞지.

물을 저장하기 '알'맞은 알

밤이슬을 피할 잠자리 찾기

사막 부족들은 대개 유목민이다. 그러니까 식량과 물을 찾아 끊임없이 이곳저곳을 옮겨다닌다는 얘기다. 한 군데에서 오래 머물지 않고 식량이 바닥나면 언제든 떠난다. 항상 집을 옮겨다니는 생활은 매우 피곤할지도 모른다. 사막에서는 이미 다 지어진 집에서 다시 다른 집으로 이사할 수 없다. 주변에 아무 것도 없으니까. 그래서 집을 가지고 다녀야 한다. 그렇다면 빨리 치우고 만들 수 있는 것, 그리고 낙타 등에 쉽게 걸쳐놓을 수 있는 집이 필요하겠지. 감 잡았수? 사막 텐트를 가지고 떠나 볼까?

야영 필수품 목록

어떤 텐트를 골라야 할지 고민이라고? 걱정 마시라. 우리 텐트는 어떤 것에도 견디도록 특수 설계되었으니까. 전 세계 사막 부족들의 조언으로 개발된 이 텐트는 모래 위에서 야영하는 데는 아주 딱이다. 여러분한테 우리의 인기 신상품을 자랑스럽게 소개하자면….

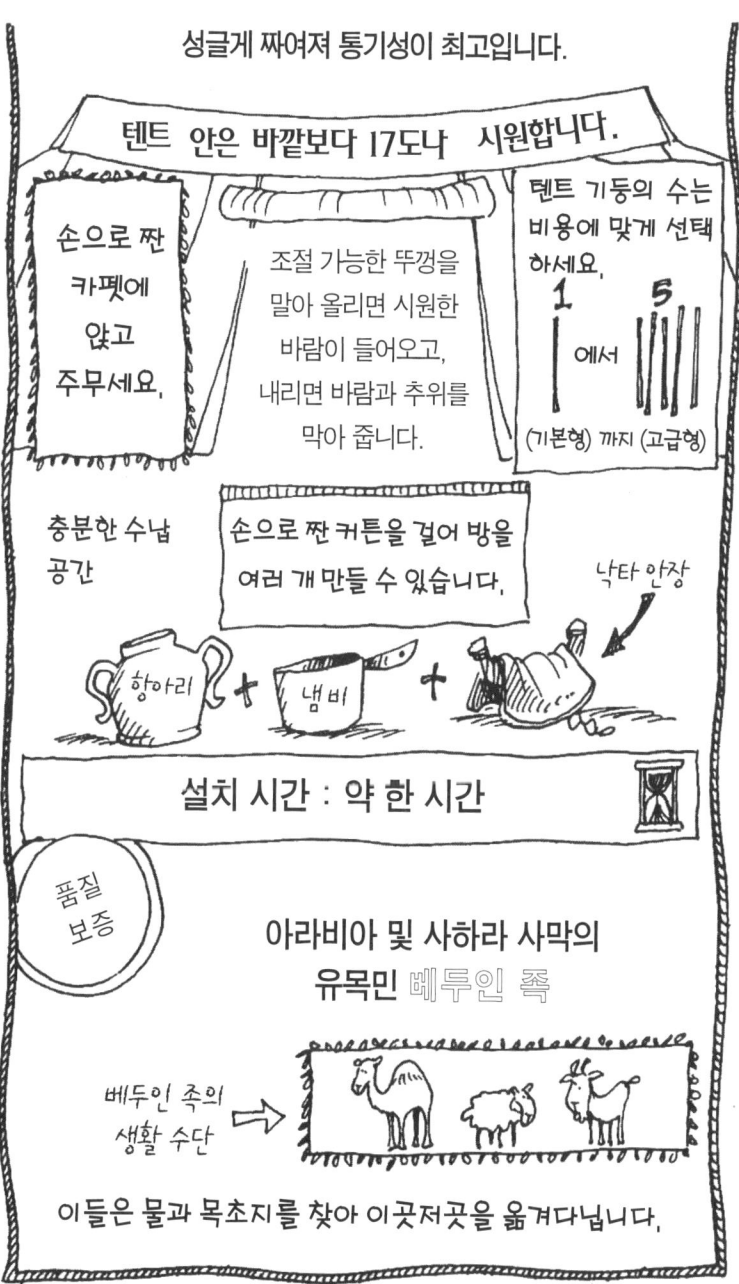

두 계절용 텐트

두 가지 전통 텐트 중에서 선택하세요. 사막에서 구하기 쉬운 재료를 사용합니다. 두 가지다 간편하게 꾸려서 갖고 다닐 수 있습니다.

여름용

- 야자나무 잎 지붕
- 바람에 말린 풀로 엮은 벽
- 가벼운 막대기 틀
- 밑에 틈이 있어 환기가 잘 됨.

무더운 날에도 서늘하게 지낼 수 있습니다!

겨울용

- 낙타 가죽 천막
- 밑에 틈이 있어 환기가 잘 됨.
- 튼튼한 나무 틀

특수한 형태: 두 가지 텐트 모두 야생 동물의 접근을 막기 위해 밖에 둘러치는 막대기 세트를 드립니다. 동물들이 깜빡 속아 넘어갑니다.

품질보증

사하라의 투아레그 유목민

이들은 낙타를 기르며 사막 횡단 낙타 캐러밴을 이끕니다.

사막의 옷차림

또 샌디예요. 미리 알려 드리려고요. 사막으로 떠난다면 사막에 맞는 옷차림이 필요해요. 사막 패션의 최근 경향은 뭘까요? 우선은 스타일보다 실용성이 더 중요합니다. 그러니까 반바지와 티셔츠는 좋지 않겠죠, 아무리 멋지게 보인다고 해도요.
멋진 차림은 참아 주세요.
중요한 것은 시원하게 입는 것. 모래와 바람, 햇빛에서 여러분을 보호해 주는 옷을 입어야죠. 그렇지 않으면 몸이 바싹바싹 타버려서 말라빠진 자두처럼 보일걸요.(그거야말로 얼마나 촌스럽겠어요!) 전 항상, 그 지방 사람들과 같은 옷차림을 하는 것이 가장 좋다고 생각해요. 그렇다면 그런 옷을 입은 모델들을 소개해 드리죠.

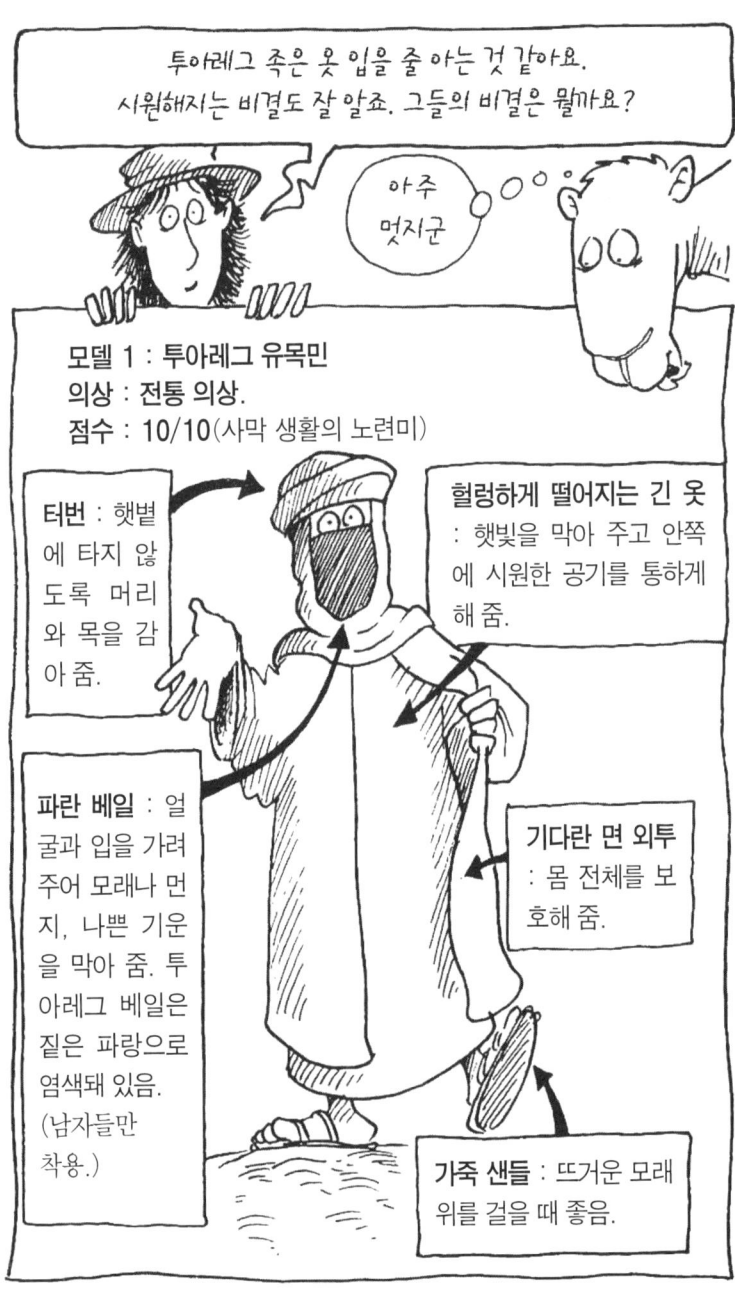

사막의 손님 대접

이제 의상을 구했으니 사막 주민들을 만나볼 때가 됐다. 대체적으로 사막 주민들은 손님을 아주 극진히 대접한다. 처음 보는 여러분한테도 음식이며 잠자리를 제공해 줄 것이다.(물론 여러분을 좀더 잘 알게 된 후에는 어떻게 될지 모르지만!) 그러니까 그 사람들을 기분 나쁘게 하거나 모욕하지 않는 것이 중요하다.(사막에서는 사귈 수 있는 친구들 모두가 다 필요한 친구들이다.) 그래서 혹시 투아레그 사람들이 여러분에게 차를 대접할 때, 조심해야 할 예절을 적은 간단한 안내서를 소개한다.

투아레그 족과 용감하게 차를 마시자

여러분은 투아레그 족의 한 야영지에 도착했다. 자연스럽게 그러나 정중하게 행동한다. "안녕하세요?" 인사하고 모든 사람과 악수를 나눈다. 남는 건 시간밖에 없는 사람처럼. 투아레그 족은 서두르는 걸 싫어한다.

달콤한 민트 차가 나올 것이다. 재빨리 벌컥벌컥 소리내며 요란하게 마신다.(맛있다는 듯한 인상을 준다.)

다시 차 한 잔이 나오고 또 나온다.(거절하는 건 아주 무례한 행위다.) 세 번으로 끝나면, 축하할 일. 여러분을 환영한다는 뜻이니까.

한 잔이 더 나오면(4잔 째) 환영하긴 하지만 아주 반기는 건 아니다. 그럼 여러분은 갈 길을 가는 게 좋다. 차를 마신 후 일어나서 작별 인사를 하고(다시 말하지만 천천히) 떠난다.

정착하기

사막 부족이라고 전부 투아레그 족 같은 유목민은 아니다. 여러분은 맨 날 이사 다니는 게 좋겠는지? 만약 사막에 너무 정이 들어 떠나기 힘들다면 아늑하고 그늘진 곳을 골라 정착하는 건 어떨까? 물론 마시고 작물을 키우기 위한 물이 있어야 하겠지. 하지만 그런 사막을 어디에서 찾을 수 있을까? 사실, 사막 표면은 바싹 말라 먼지만 날리는 것처럼 보여도 푹푹 찌는 땅 밑에는 물이 몇 동이나 있다(진짜 몇 동이만). 어디서 물을 찾는지 알기만 하면 되는 것이다.

물을 퍼올리는 건 고되고 힘들지 모른다. 우물을 팔 수도 있다.(깊이 파야겠지만.) 아니면 물이 저절로 표면으로 새어 나와 아름답고 비옥한 오아시스를 만들 때까지 앉아서 기다리던가.(아주 오래 기다려야 할걸. — 물이 표면으로 올라오기까지 10,000년이 걸릴 수도 있거든.) 무성한 오아시스가 만들어지는 숨은 과정은 이렇다.

1. 비가 내리고(몇 킬로 떨어진 곳일 수도 있다.) 바위의 작은 구멍으로 스며든다. 이것을 대수층(aquifer)이라고 한다. 거대한 바위 스펀지인 셈이다.(목욕탕에서 쓰기엔 별로다.)

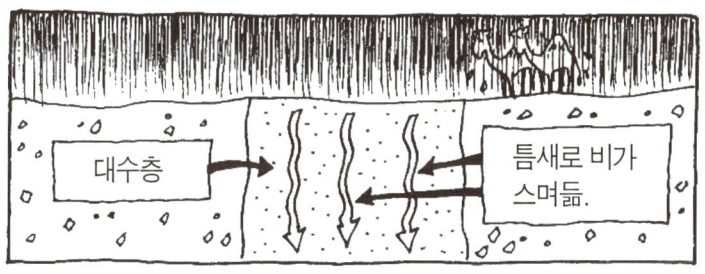

2. 물은 땅 속으로 즐겁게 스며든다….

3. …그러다가 앞이 막혀 틈이 벌어진 바위 속에서 더 이상 갈 수 없게 된다. 어쩔 수 없이 위로 올라온다.

4. 오아시스에 온 걸 환영한다!

여러분은 식물을 잘 가꾸는지? 물이 주변에 있다면 맛있는 과일과 야채를 기를 수 있다. 우선 살구나 밀, 포도 같은 것으

로. 그리고 야자나무까지…. 겉보기엔 아닐 것 같지만 야자나무는 굉장히 단단하고 쓸모가 많다. 야자열매(대추야자)는 날것으로 먹어도 되고, 요리하거나 말려 먹어도 된다(크리스마스 때 먹는 말린 야자처럼). 야자나무 줄기는 집 지을 때 쓰고, 잎은 바구니를 만들고, 씨는 낙타 먹이로 쓴다. 그렇다면 맛있는 야자 싹 샐러드는 어떨까? 맛있겠지!

> ★ 오싹오싹 건강 경고
>
> 단 편안히 정착하기 전에, 사막이 눈속임을 쓸 수 있음을 명심하도록. 여러분을 목말라 미치게 만들 속임수 말이다. 다음을 상상해 보자. 가지고 있는 물이 바닥난 여러분은 물 생각이 간절하다. 바로 그 때 눈앞에 오아시스가 보인다. 휴! 이제 살았구나. 여러분은 이렇게 생각하겠지. 그러나 아무리 빨리 다가가도 오아시스는 점점 더 멀어지기만 한다. 그 오아시스는 실제로 존재하지 않기 때문이다. 실제로 거기 있는 게 아니다. 그것이 신기루다. 그리고 여러분은 미쳐 가는 것이다.

신기루는 이렇게 생긴다 :

1. 더운 공기층이 땅에 내려앉는다.
2. 위쪽의 찬 공기층 때문에 더운 공기가 갇히게 된다.
3. 두 공기층이 하늘에서 오는 빛을 굴절시킨다.
4. 그래서 지평선에 시원한 물웅덩이가 물결을 일으키는 것으로 착각한다. 아름다운 물결! 실은 그것은 하늘이 반사된 것이다.(게다가 시원한 야자수 그늘이 드리운 것처럼 보이기도 한다. 미안하지만 그것도 빛의 속임수다.)

두 그림의 차이점을 알겠는지?

바싹바싹 사막의 살아남기 퀴즈

축하한다! 여러분은 여기까지 오면서도 용케 살아 남았다. 이 사막 서바이벌게임의 취지를 터득하고 있는 것이다. 그런데 여러분의 지리 선생님은 어떨까? 선생님이 이 황량한 사막에 버려진다면 살 수 있을까? 아니면 선생님의 모험심은 끝내 모래처럼 무너져 버릴까?

선생님한테 다음의 퀴즈를 내어 알아보도록. 정답은 이런 상황에서 사막 주민들이 하는 행위를 근거로 했다. 그들은 알고 있을 것이다. 어쨌거나 그 사람들은 선생님이 태어나기 전부터 삭막한 사막에서 살아 왔으니까. 사실 그건 정말 오랜 세월이다!

1. 이 곳은 오스트레일리아 사막, 여러분은 목이 마르다. 그런

데 주변 몇 킬로미터 안에는 물이 없다. 바로 이 때 개구리 소리가 들린다. 그 소리는 땅 밑에서 들려오는 것 같다.

여러분은 개구리를 찾아볼 생각이 있는지?   그렇다 / 아니다

2. 사하라 사막에 잔인한 모래폭풍이 불고 있다. 안전한 곳으로 피신할 시간이 없어서 그 자리에 서서 폭풍이 지나갈 때까지 용감하게 버티기로 결심한다.

여러분의 선택이 옳은 것일까?   그렇다 / 아니다

3. 여러분은 칼라하리 사막에서 산 족 사냥꾼들과 같이 있다. 영양을 쫓다가 근처 덤불에 숨은 사자를 발견한다. 사자가 있다고 소리 지르면 안 될 것 같다. 사자가 듣고 공격할지 모르니까.

산 족들은 이런 경우에 손짓으로 신호한다. 다음은 올바른 수신호일까? 그렇다 / 아니다

4. 여러분은 텐트를 설치할 장소를 찾다가 강 골짜기(와디)를 발견한다. 아늑하고 평평하고 바람을 막아줄 것 같다.

실제로 이런 곳이 야영하기에 안전할까? 그렇다 / 아니다

5. 여러분의 낙타가 못되게 굴어서 베두인 족 낙타지기에게 도움을 청한다. 그는 낙타의 코에 침을 뱉으라고 한다. 그러나 여

러분의 낙타는 성질이 고약해서 그럴 경우 어떻게 나올지는 뻔하다.

베두인 족의 충고를 따를 것인지? 　　　　　　그렇다 / 아니다

6. 최악의 사태가 벌어지고 말았다. 물이 바닥났는데 아직도 갈 길은 멀다. 마침 투아레그 족 야영지를 지나게 되어 잠깐 들러 도움을 청한다. 그 지역 언어를 조금 알고 있어서 그걸 써먹기로 한다. 물을 달라고 하려면 어떤 단어를 써야 할까? '아미즈(amise)'가 통할까? 　　　그렇다 / 아니다

7. 이런, 오늘 운수가 썩 좋지 않다. 선크림이 떨어졌고 여러분의 연약한 피부가 타기 시작한다. 마을에 도착해 물건을 사려면 며칠은 걸릴 것이다. 대용품으로 무얼 쓰면 될까?

수박으로 피부를 문지르면 효과가 있을까? 　　그렇다 / 아니다

정답 :

1. 그렇다. (비위가 약한 사람은 다음 글을 읽지 말 것.) 이 개구리가 여러분의 목숨을 구해줄 지 모른다. 개구리는 피부 속에 물을 저장한 채 땅속에서 지내면서 건기를 버틴다. 호주 원주민들은 발로 땅을 굴러 개구리가 울게 만든다. 개구리는 쿵쿵거리는 소리를 천둥소리로 착각하고 비가 내리는 줄 알거든!

그러면 원주민들은 개구리를 파내 입 위로 가져가 물을 짜서 먹는다. 쭈우우욱!

2. 아니다. 먼지폭풍 또는 모래폭풍에 대처하는 최선의 방법은 낙타 옆에 바싹 웅크리고 얼굴과 입을 막는 것이다. 바로 이런 때 투아레그 족의 베일이 편리하다. 뻣뻣하게 서서 폭풍과 맞선다면 바람에 날아가거나 얼굴에 따가운 모래 세례를 실컷 받게 된다. 얼얼하게.

3. 아니다. 이 신호는 오리를 뜻한다. 바보 같기는. 게다가 오리를 무서워할 사람이 어딨어? 여러분이 실수를 깨달을 때쯤이면 너무 늦을지도 모른다. 사자가 여러분을 잡아먹을 테니까. 여러분이 썼어야 했을 수신호는 이것이다.

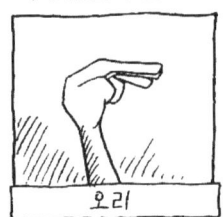  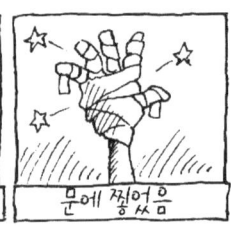

4. 아니다. 사막 주민들에게서 좀 배워서 절대 와디에서 야영하지 않도록. 무슨 일이 있어도 안 된다. 그 순간엔 아주 안전한 것 같아도 일단 비가 오기 시작하면 사정은 달라진다.

방금 전까지 아늑하고 말라 있던 와디에 순식간에 급류가 몰아친다. 돌발 홍수는 언제든 일어날 수 있으며 땅은 그 많은 빗물을 빨아들이지 못한다. 그러면 물은 와디로 밀려든다. 구조를 요청할 시간도 없다. 이미 휩쓸려 갔을 테니까.

5. 그렇다. 여러분의 낙타는 사악한 귀신이 씌웠는지 모른다. 이에 대한 베두인 족의 전통적인 귀신 퇴치법은 낙타의 침과 물을 섞어 그 코에 퍼붓는 것. 여러분의 낙타는 틀림없이…어…얌전한…고양이가 된다. 단 낙타가 여러분을 물지 않도록 조심할 것. 내 말은, 누가 여러분 코에 침을 퍼부으면 기분이 어떻겠어?

6. 아니다. 다른 말을 써야 한다. 투아레그 말로 '아미즈(amise)'란 낙타를 뜻한다. 물은 '아만(aman)' 이다. 다만 투아레그 족에게 물 값 대신 줄 뭔가가 반드시 있어야 한다. 절대 빈손으로 가선 안 된다. 각설탕이면 언제든지 환영.(물론 투아레그 차를 만들 때 필요하지.)

7. 그렇다. 믿거나 말거나지만 효과가 좋다. 산 족은 선크림 대신 볶은 수박 씨를 빻아 걸쭉해질 때까지 짓이긴다. 햇볕으로부터 피부를 보호하는 데 아주 그만이다. 물론 덕분에 귀찮은 벌레들이 꼬이긴 하겠지만, 특히 멋진 이빨이 있는 녀석들한테….

선생님의 점수는…

정답 하나에 1점씩 매긴다. 선생님은 몇 점 맞았을까?

점수 : 0~2. 오, 이런! 더운 날씨에 선생님 뇌가 어떻게 됐나 보군. 평소의 상식을 다 잊어버린 모양이다.

점수 : 3~5. 괜찮다! 여러분 선생님은 아직 정신을 붙들고 계시니 모래 늪에 빠지시진 않겠다. 하지만 낙타가 물어뜯은 것처럼 불쌍해 보인다. 선생님이 어떻게 이 점수를 받았지?

점수 : 6~7. 축하한다! 선생님은 살아 돌아오셨다!(한꺼번에 소리지르지 말도록.) 다음 번 미스터 사막 대회에 선생님을 보내는 건 어때? 인도의 타르 사막에서 해마다 그 대회가 열리거든. 다음의 다섯 가지를 잘 해야 한다.

1. 콧수염 기르기.(길고 말릴수록 더 좋다.)

2. 터번 감기.(시계 반대 방향으로.)

3. 대중 연설.(작년의 우승 연설은 '내가 사막을 좋아하는 이유'였다. 아첨하기는.)

4. 낙타 경주.(500미터 이상.)
5. 그리고 마지막으로 낙타 치장이다.

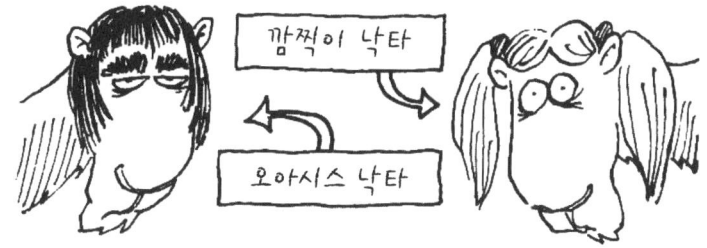

여러분 선생님은 미스터 사막의 왕관을 차지할 자격이 있을까?

자, 이제 여러분은 사막 주민들의 지혜로 단단히 무장한 신생님을 바싹바싹 사막으로 보냈으니 며칠 동안 수업을 땡땡이 칠 기대에 부풀었다. 걱정할 것 없다. 선생님은 수많은 발자국을 따라가실 테니까. 오랜 세월 동안 사막 주민들 뿐 아니라 용감한 탐험가들이 야단법석 뭔가를 찾아서 수없이 길을 떠났다. 일부는 살아서 그 이야기를 전해 주었다.(다시 나타나지 않은 사람도 있고.) 그러나 나머지 사람들에게 그것은 가마솥에서 나와 불길로 뛰어든 격이었다. 여러분이 해석하기 나름이지만….

용감한 사막 여행

사람들은 오래 전부터 사막을 탐험해 왔다. 이들은 모래폭풍에 혼이 나고 낙타한테 물리고 보통은 산 채로 구워졌다. 어떤 사람은 미쳐 버렸고 몸을 상하기도 했다. 결국 실종된 사람들도 수없이 많다. 영원히. 그러면서도 왜 사막을 탐험할까? 편안히 살 수도 있었을 텐데 왜 생명의 위험을 무릅쓰는 걸까? 돈 때문에 그러는 사람들도 있었다. 이들은 무역을 하기 위해 사막에 길을 열고자 했던 것이다.

그러나 딱히 이유 없이 간 사람들도 있었다. 당시엔 그저 그게 좋아 보였던 것이다. 일생일대의 모험. 그들은 어떤 일이 닥칠지 전혀 알지 못했다. 여러분 선생님 같은 사람들은 사막 주민들이 어떻게 사는지 연구하면서 사막 생활의 오랜 기술들을 배웠다. 덕분에 사막을 여행하는 사람들이 살아 돌아올 가능성은 크게 높아졌다. 방학을 화끈하게 보내고 싶은 사람?

화끈한 여행사에서 화끈하게 제안합니다
사뿐사뿐 사하라 사막 사파리

그저 그런 이동식 주택 여행에 싫증난다구요?

아무 데나 1000km

좋은 잠자리를 놓고 다투는 데 지치셨다구요?

안에서 비 구경하는 게 지긋지긋하다구요?

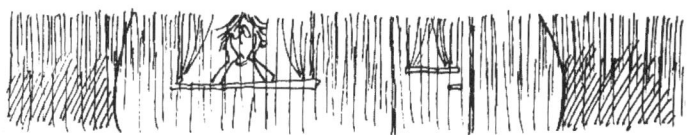

오늘 장소를 예약하세요.

뭔가 색다른 방학을 위해서 지금 저희 사막 여행을 예약하세요.(부모님께 경비를 내게 하면 더 좋구요.) 복잡한 휴양지 주차장, 축축한 들판과 교통 혼잡은 이제 안녕, 좁은 공간에서 짜부러지고 자꾸만 문이 열리는 짜증나는 선반이랑 잊어버리세요. 그 모든 것에서 떠날 시간입니다. 멋진 텐트 안에서 별을 보며 자고, 꿈 같은 팀북투의 옛스런 풍경에 흠뻑 빠지세요. 이번 경험으로 여러분은 자신 안의 방랑 끼를 발견하게 될 것입니다.

대상 한 무리에 낙타 100마리까지 있습니다.(과거 사하라를 여행하던 낙타 대상들은 1,800마리까지 있었다).

투아레그 족 전문 가이드가 안내합니다.(이들은 수백 년 동안 사하라를 지나는 낙타 대상들을 안내했다.)

오랜 시험으로 검증된 여행입니다.(낙타들은 오랜 세월 사람과 물건을 싣고 사하라를 건넜다. 시장에 가져가 거래할 대추야자 열매, 소금과 금 등을. 이들이 태워다 준 사람들로는 사막 상인들과 여기 동행하는 용감한 탐험가들 — 르네 카이예를 기억하지? — 이 있었다.)

만족한 고객의 체험기 :
"정말 짱이었어요. 전 낙타와도 잘 지냈죠. 한두 번밖에 물리지 않았거든요. 다시는 시시한 이동식 주택 여행 같은 건 안 할 겁니다."

주의 사항 : 저희 낙타 대상은 여러분의 편리를 위해 엄선됐습니다. 그러나 더운 물 샤워나 중앙 난방, 객실 TV 등 최신 설비는 없습니다. 그런 것들이 없으면 못 산다는 분께는 저희 신상품인 'TV와 함께 하는 소파 여행'을 권해 드립니다. 조만간 여러분 댁의 소파에 찾아 뵙겠습니다.

바싹바싹 사막 파일

이름 : 오스트레일리아 사막   **위치** : 오스트레일리아
크기 : 3백8십만 제곱킬로미터
기온 : 더운 여름엔 최고 섭씨 53도, 추운 겨울에는 최저 영하 4도
강우량 : 1년에 100밀리미터 이하
사막 유형 : 고압대 사막, 비그늘 사막
사막 정보 :
- 오스트레일리아의 2/3는 바싹바싹 사막이다.
- 이 사막은 심슨 사막, 그레이트샌디 사막, 그레이트빅토리아 사막, 타나미 사막으로 이루어져 있다.
- 울루루(Uluru)란 사막의 바람에 풍화된 거대한 붉은 바위이다. 원주민들에겐 신성한 곳이다.
- 가장 큰 사막 호수는 에어(Eyre)호이다. 기록에 따르면 1950년 처음으로 물이 가득 찼다고 한다.

낙타 타고 오스트레일리아 횡단

　낙타가 편리하게 쓰이는 곳이 비단 사하라 뿐은 아니다. 1860년, 두 명의 용감한 탐험가 로버트 오하라 버크(Robert O'Hara Burke)와 윌리엄 존 윌스(William John Wills)는 오스트레일리아를 남북으로 종단하기 위해 출발했다. 역사상 가장 과감한 탐험 중 하나였다. 오랫동안 사람들은 오스트레일리아 한가운데에는 뭐가 있을까 하며 궁금해 했다.

　거대한 내륙 호수가 있다는 말도 있었고, 거대하고 바싹 메마르고, 뜨거운 사막이 있다는 소문도 있었다.(사실 두 번째 것이

맞았다. 수천 년 동안 그 곳에서 살아온 원주민들에게 물어 보기만 했어도 알았을 텐데. 원주민들은 이 사막을 속속들이 알고 있었으며 귀중한 식량과 물을 구할 수 있는 곳도 알고 있었다.) 어쨌든 한가운데가 사막일 경우 타고 가기 위해 두 사람은 낙타를 몇 마리 데려갔다.

1860년 8월 20일, 오스트레일리아의 멜버른

버크와 윌스가 1860년 8월 20일 멜버른을 출발할 때, 이들의 낙타는 멜버른의 화제였다.

그들을 격려하기 위해 나온 군중들은 한번도 그런 동물을 본 적이 없었다. 비명을 지르는 구경꾼도 있었고 더러 기절하는 사람도 있었다. 나머지는 그냥 서서 멀뚱멀뚱 구경했다. 낙타는 이번 탐험을 위해 특별히 인도에서 데려온 것이었는데, 벌써부터 대 소동을 일으키고 있었다.

탐험은 몇 달 예정으로 계획되었다. 오스트레일리아 사상 가장 규모가 크면서, 돈을 많이 들인 탐험이었다. 그러나 일은 벌써 삐거덕거리고 있었다. 버크는 용감하고 매력도 있었지만 성격 또한 아주 불같았다. 그는 어떤 것에든 화를 잘 내었다.

 (비밀이지만 부루퉁한 버크가 탐험에 지원한 건 단지 사랑에 실패했기 때문이었다고 한다. 아니면 엄청난 상금 때문이었나?) 게다가 더 심각한 문제는 버크가 탐험 경험이 전혀 없는 데다(그는 전직 경찰이었다.) 시골에서 산 적도 없었다.(게다가 그는 원주민들로부터 뭔가 배울 게 있다고 생각하는 사람도 아니었다.) 반면 윌스는 말씨가 조용하고 충실하고 믿음직스럽고, 누구와도 잘 지냈다.

 그건 다행스러운 일이었다. 탐험을 시작하기 불과 몇 주 전, 버크는 부관을 해고하고 윌스에게 일을 맡겼다.

 뭉그적거릴 시간이 없었다. 이 탐험을 떠나는 사람은 그들 말고 또 있었던 것이다. 위대한 탐험가 존 맥다우얼 스튜어트(John McDouall Stuart)는 이미 몇 달 앞서 애들레이드를 출발한 뒤였다. 그러나 버크는 두 번째가 될 생각은 전혀 없었다. 눈곱만치도. 굳이 고집과 독선을 내세우지 않더라도 버크는 성격 또한 아주 급한 사람이었다. 그렇다면 그들이 성공했을까? 또 무엇을 발견했을까? 버크가 결국 자존심을 접어두고 원주민들의 의견을 들었을까? 그 답을 알아볼 데가 참을성 많은 윌스의 탐험기 말고 또 있겠어?(그의 진짜 탐험기는 꼭 아래와 같지는 않지만 그 비운의 여행에 관한 정보 대부분은 원본에서 얻은 것이다.)

공식 탐험 기록

윌리엄 존 윌스 씀

1860년 10월 15일, 메닌데

우리는 메닌데에서 귀중한 휴식을 취하고 있다. 난 벌써 지쳤다! 여행 속도는 약간 느린 것 같다. 멜버른에서 출발했기 때문이다. 우리 짐이 지나치게 많아서(아무튼 우린 짐이 많다 — 식량과 총, 낚시 도구와 낙타 신발, 텐트, 침낭, 책 등등) 마차는 진흙탕에 빠지기 일쑤다.

(사막이라곤 사방 어디에고 보이지 않는다. 여행을 시작하면서부터 우리는 퍼붓는 빗속에서 질척거리는 늪지를 지나야

하는 신세였다!) 그리고 귀찮은 낙타들은 계속 말들을 겁주고 있다.

메닌데는 황폐해 보이는 곳이지만 버크 씨는 멀리 돌아가지 않으려 한다. 그를 탓할 수는 없겠지. 문제는 여름이 다가오고 있어서 날씨가 벌써 더워진 탓에 계속 가기가 힘들다는 것이다. 어쨌든 버크 씨는 우리 그룹(버크 씨와 킹, 브라에, 그레이, 라이트와 나)이 낙타와 말 몇 마리를 몰아서 쿠퍼 강까지 가야 한다고 결정했다. 나머지 일행은 보급품을 가지고 나중에 따라오고 — 계획대로라면.

(참고: 오스트레일리아에서는 계절이 반대로 돌아간다.)

1860년 11월 11일, 쿠퍼 강

믿기지 않는다. 우리는 결국 쿠퍼 강에 도착했다. 신께 감사를. 여기 오기까지 겨우 650킬로미터였지만 정말 길고 힘들었다. 라이트는 다른 일행을 데리러 메닌데로 돌아갔다. 남은 사람들은 아무것도 할 수 없을 만큼 지쳤다. 여름에 여행하지 말라고 했던 누군가의 말이 옳았다 — 더위는 실로 살인적이다.

언뜻 보기에 이곳은 시원한 강과 예쁜(그늘도 드리우는)

유칼립투스 나무가 우거진 매력적인 곳이다. 게다가 사막 언저리인 것 같은데도 어딜 가나 새와 물고기들이 있다. 천국이다! 적어도 그렇게 생각했었다…. 그러나 우리는 보급품을 숲 속에 매달아야 했다. 왜냐구?

안 그랬다간 들끓는 들쥐들이 다 먹어버리게.(난 들쥐가 싫다.) 아, 깜빡한 게 있는데 — 이 곳은 그늘에서도 섭씨 43도나 된다. 지글지글 끓는다. 이 더위에 익숙해지게 될까? 지금 우리가 할 수 있는 일은 라이트 씨가 돌아오기를 기다리는 것 뿐이다.

1860년 12월 15일, 쿠퍼 강

아직도 이 곳을 벗어나지 못하고 있다. 라이트는 오지 않았고 버크 씨는 초조해한다. 스튜어트가 진짜로 자기를 따라잡을까 봐. 그래서 우리(버크 씨와 킹, 그레이와 나)는 내일 떠난다. 우리 여행의 최북단 지점인 카펜테리아 만을 향해 전속력으로 갈 것이다.

나는 별로 기대되지 않는다.(다른 사람한테는 말하지 말 것.) 거기까지 2,400킬로미터를 갔다가 다시 오는데, 그것도 내내 걸어야 한다니. 물집 위에 다시 물집이 생기고 있다! 우리는 버크 씨의 말과 낙타 여섯 마리를 데려가지만 그것도 우리가 탈 것은 아니다. 무슨 신세람.

낙타는 식량(말린 말고기)과 물을 싣기 위한 것이다. 우러는 각자의 총과 침낭을 가져간다. 텐트는 가져가지 않을 것이다. 사막에서는 텐트가 필요 없을 테니까!

버크 씨는 나머지 일행에게 석 달 안에 돌아올 테니 여기서 우리를 기다리라고 했다. 그나마 우리 중 운이 좋은 누군가는 낙관적이군.

우리 텐트!

1861년 2월 11일, 카펜테리아 만(거의 다 왔음)

우리는 해냈다! 정말 끔찍한 여행이었다. 내가 여기서 이 일기를 쓴다는 사실이 믿어지지 않을 정도다. 우리는 매일 11시간씩 걷고 또 걸었다, 하루도 어김없이. 작렬하는 더위와 시커먼 파리 떼, 숨도 못 쉴 모래폭풍을 뚫고서. 지독한 사막 기후 같으니.(때문에 낙타 성질이 얼마나 고약해졌는지 상상할 수 있을 것이다.) 우리가 먹은 건 전에 말했던 말린 말고기와 약간의 삶은 식물이 고작이었다. 포르툴라카라는 식물일 것이다. 육즙이 뚝뚝 떨어지는 고기 한 점 먹었으면.

1월이 되자 우기가 시작되어 땅이 진흙탕이 되어 버렸다. 우리는 좀더 시원한 밤에 이동했다 — 어디로 가는지 앞을 보기 힘들긴 했지만. 오늘 버크 씨와 나는 바다에 가려고 시도했다. 불과 몇 킬 로미터만 가면 바다였던 것이다. 그러나 상상도 못 할 일이 벌어졌다. 홍수림 이 우거진 늪 때문에 돌아 올 수밖에 없었다. 실망이 너무 컸다. 그래도 버크 씨 는 적어도 우리가 그 바보 스튜어트보다 앞섰다고 말 한다.(내가 아니라 버크 씨의 말이다.)

1861년 4월 17일, 하늘만이 알 곳

지독히도 운수 사나운 날이다! 며칠 동안 그레이는 몸 이 아프다고 투덜거렸다. 그러나 우리 모두는 그가 엄살 을 부린다고 생각했다.(자기 침낭을 지고 가지 않으려는 수 작인 줄 알았으니까.) 사실 그만이 아니라 우리 모두가 힘 이 다 빠지고 굶어 죽기 직전이었다. 그러니 우리가 그를 보았을 때 얼마나 무서웠는지 상상해 보라…그는 죽어 있었다!

그를 땅에 묻느라 하루가 다 갔다. 우리는 그만큼 쇠약해진 것이다. 해변에서 돌아오는 길은 악몽과 같았다. 출발할 때부터 쉬지 않고 비가 내렸고, 우리는 젖은 땅에서 잠을 자야 했다.(텐트가 필요 없다는 건 뭐야?) 식량은 바닥났고 우리 옷은 누더기가 되었다. 간신히 뱀 한 마리를 잡아먹었다.(네 마리 낙타까지 먹게 되는 건 아닐까?) 이런 식으로 얼마나 더 버틸 수 있을지 알 수가 없다⋯.

1861년 4월 21일, 쿠퍼 강

오늘 저녁 마침내 캠프에 도착했을 때는 기뻐서 소리를 지를 뻔했다. 그러나 행복감도 잠시. 나머지 일행이 떠난 것이다. 가 버렸다! 캠프는 버려져 있었다. 남은 것이라곤 나무에 꽂아 놓은 메모가 전부였는데, 어디를 파 보라는 내용이었다. 그래서 우리는 땅을 파기 시작했다. 달리 뭘 할 수 있었겠는가?

마침내 우리는 상자 하나를 파냈다. 한 달치 보급품과 브라에가 갈겨 쓴 쪽지가 있었다. 그런 기막힌 일이 또 있을까? 그들은 바로 오늘 아침 떠난 것이다. 불과 몇 시간 전에!

브라에는 메닌데러 향했다. 누가 그를 탓하랴? 그는 넉달 간 우리가 돌아오기를 기다렸던 것이다. 그러나 그를 쫓아가기엔 우리 모두는 너무 지쳤다. 우리는 내일 호플리스 산으로 떠나서 거기 있는 경찰서를 찾아갈 예정이다. 그것이 우리가 할 수 있는 유일한 일인 것 같다.

1861년 6월 27일, 쿠퍼 강

정말 악몽 같다. 우리는 별로 나아가지 못하고 있다. 며칠 동안 맴돌기만 하고 아무 데도 가지 못하고 있다. 식량과 물은 모두 바닥났고 낙타는 한 마리밖에 안 남았다.(다른 한 마리는 진흙 뻘에 빠져서 총으로 쏘아버렸다.) 이제 상황은 매우 절망적이다. 몇몇 친절한 원주민들이 우리에게 물고기를 주었다. 그들이 먹을 것도 거의 없었는데.

그러나 그들은 다시 길을 떠나 버렸다. 그들을 탓할 순 없는 일이다. 좀더 일찍 그들에게 도움을 청했다면 좋았을걸. 그랬다면 상황은 크게 달라졌을 것이다. 나는 지금까지 일을 아버지께 편지로 써 왔다. 이것이 마지막일지도 모르겠다. 조만간 구조되지 않는다면 우리는 굶어 죽을 것이다….

— 윌리엄 존 윌스

아주 슬픈 결말

 마음이 약한 사람은 다음 글을 건너뛰거나 손수건을 준비할 것. 그리고 이틀 후, 버크와 킹은 마지막으로 도움을 청하기 위해 캠프를 떠났다. 용감했던 버크는 굶주림과 햇빛을 못 견디고 죽었다. 킹이 캠프로 돌아갔을 때는 윌스 역시 죽어 있었다. 그 후 킹은 그를 가엾게 여긴 원주민들과 함께 석 달을 지냈다. 마침내 구조되었을 때 그의 몰골은 말이 아니었고 굶주려서 반은 미쳐 있었다. 윌스의 (진짜)일기는 그의 유골 옆에서 발견되었다.

 비극적인 결말이다. 그러나 사정은 완전히 달라질 수도 있었다. 영웅적인 버크와 윌스가 쿠퍼 강에 여덟 시간만 일찍 도착했어도….

사막 탐험상

 훌쩍…우울한 분위기를…훌쩍…바꾸기 위해서, 〈지구 일보〉에서는 독자들에게 가장 좋아하는 사막 탐험가를 투표해 달라고 의뢰했다. 이제 샌디가 그 결과를 발표한다. 그럼 오스카 탐험가 수상식을 시작한다.

용감한 탐험가상(남자 부문)
우수상

 독일의 지리학자이자 탐험가인 하인리히 바르트(Heinrich

Barth, 1821~1865)는 사하라 사막에서 5년을 지냈다. 그는 팀북투에서 여섯 달 동안 살면서 주민들에게 사막에서 살기 위한 기술들을 배웠다. 하인리히가 너무 오랫동안 떠나 있었기 때문에 사람들은 그가 죽은 줄 알고 사망기사를 신문에 냈다. 그런데 1855년 8월 그는 사막의 원기 왕성한 기운을 지니고 낙타 몇 짐이나 될 만한 기록을 갖고 나타났다. 아쉽게도 그는 워낙 인기가 없어서 아무도 그에게 관심을 기울이지 않았다.

그리고 최우수상

1886년 영국의 군인이자 탐험가인 프랜시스 영허즈번드(Francis Younghusband, 1863~1942)는 고비 사막을 횡단했다. 단순히 사막이 거기 있다는 이유에서였다. 그가 필요로 했던 것은 사막 주민 길잡이 한 명, 두 명의 짐꾼, 낙타 여덟 마리와 셰리주 한 보따리였다.

대단한 사람이다! 더 놀라운 사실은 70일 만에 2,000킬로미

터를 갔다는 것. 그게 전부냐고? 그건 아무것도 아니다. 팔팔한 프랜시스는 나흘 동안 쉰 다음 다시 떠났다. 이번에는 타클라마칸 사막 횡단이었다. 정말 명연기 아니, 기록이다.

용감한 탐험가상(여자 부문)
우수상

영국의 탐험가이자 작가인 거트루드 벨(Gertrude Bell, 1868~1926)이 이 부문 2위이다. 굉장한 멋쟁이였던 거트루드는 런던과 유럽의 호화로운 사교계 생활을 접고 아라비아 사막으로 여행을 떠났다. 물론 오랜 습관이란 좀처럼 없어지지 않는 법이어서 그녀는 사막에서도 늘 예의를 기억했다. 그녀는 항상 깔끔한 드레스와 모자를 착용했고, 저녁 식사는 은식기로 차린 식탁에서 먹곤 했다.

그리고 최우수상

밀드레드 케이블(Mildred Cable)과 에바 프렌치(Eva French), 그리고 프란체스카 프렌치(Francesca French)가 올해의 공동 수상자들이다. 크림을 넣은 차를 마시거나 공놀이를 즐기는 건 이 씩씩한 세 아가씨에겐 맞지 않았다. 이들은 중국에서 전도사로 몇 년을 일했다.

그러던 1926년, 이들은 냄비 두 개와 케이크 그릇 하나, 주전자 두 개, 화덕 하나를 노새 마차에 싣고 고비 사막을 건넜다.

그런 뒤 이 세 명의 여주인공들은 영국으로 돌아가서 시골의 한 오두막에 틀어박혀 이들이 보고 만났던 진기한 풍경과 사람들에 관해 책을 썼다.

운 좋게 살아 돌아온 천만다행상(공통)
우수상

1894년 스웨덴의 스벤 헤딘(Sven Hedin, 1865~1952)은 사막 주민들이 가지 말라고 말렸음에도 한사코 타클라마칸 사막을 횡단하려 했다.

그는 성공하긴 했지만 도중에 갈증으로 죽을 뻔했다. 물은 다 떨어지고 아직도 목적지가 며칠은 남은 상황에서 그는 닭의 피를 마시면서 연명했다.(식량으로 가져간 닭이 몇 마리 있었거든.) 나중에 그는 피를 부른 자신의 '죽음의 행진'에 관해 미국에서 강연을 했다. 얘기를 듣던 청중들이 너무 목이 마른 나머지 물을 마시러 강연장을 물밀 듯 빠져나갔다지!

그리고 최우수상

　만장일치로 결정됐다. 1844년 오스트레일리아의 찰스 스튜어트(Charles Stuart, 1795~1869)는 오스트레일리아 사막 중부를 탐험하러 떠났다. 불행히도 그 때가 몹시도 더운 여름이었다. 얼마나 더웠는지 샘이란 샘은 다 말라버렸다. 스튜어트는 괴혈병에 걸려 시력을 거의 잃은 데다 제대로 걷지도 못했다. 2년 후 그가 돌아왔을 때, 현관문을 열어 준 아내는 기절해 버렸다. 그가 죽은 줄 알고 있었던 것이다.

오늘날의 탐험

엉덩이가 들썩들썩하지? 집에 앉아 있기가 지겹지? 지금까지의 얘기로 탐험이 어떤 건지 맛을 보았다면 여러분도 사막 탐험에 나서는 게 어떨까?

낙타가 여러분 체질에 안 맞는다면 다른 여행 방법은 얼마든지 많다. 차나 트럭, 오토바이로 가도 된다. 어쨌거나 훌륭한 동행들은 많을 것이다. 해마다 죽음을 무릅쓴 100명의 운전자들이 사나운 사하라를 종단하는 파리-다카르 랠리에 참여한다. 이 사막 여행은 사흘 정도 걸린다. 그러나 곧게 뻗은 도로가 있다거나 여러분을 사막 언덕 너머로 안내해 주는 도로 표지판이 있을 거라고는 기대하지 말도록. 위성 위치 추적 장치로 길을 찾아야 한다. 그래도 아차 하면 길을 잘못 들기 쉽다. 눈 깜짝할 새에. 몇 번의 출전 경험이 있고 공식 안내서가 있어도 수많은 운전자들이 길을 잃고 헤맨다.

이 정도로는 성에 차지 않는다면 진을 빼는 마라톤 데 사블 (Marathon des Sables)에 참여하는 건 어떤지.(무슨 뜻인지 알고 싶다면 다음 쪽에 나오는 샌디의 말을 볼 것.) 경고하지만 이건 진짜 험한 고생길이다. 겁쟁이들은 안 된다. 정말 그 정도로 지독하냐고? 그렇다. 모래밭에서 달리기 해 본 적이 있는지? 발로 땅을 박차는 것이 불가능하기 때문에 계속해서 미끄러지고 비틀거리게 된다.

여러분은 사하라의 모래 벌판을 225킬로미터나 달려야 한다.(6구간에 걸쳐서.) 좋은 소식은 6일 안에 완주해야 한다는 것. 나쁜 소식은 섭씨 58도의 기온 속에서 달린다는 것. 게다가 음식과 물, 침낭을 넣은 10킬로그램 짜리 배낭을 메고 가야 한다.(설탕 열 봉지를 메고 가는 것과 같다.)

그리고 반드시 두 사이즈는 더 큰 신발을 신어야 한다. 무더위 속에서 발이 풍선처럼 부풀어 버리거든.(신발을 벗을 때는 반드시 코를 싸쥐어야 할걸. 푸우우웃!) 물집이 생기는 건 말할 것도 없고. 그래도 하고 싶다고?

★ 요건 몰랐을걸!

 최신의 사막 횡단 수단을 알려면 우주 공간으로 눈을 돌릴 필요가 있다. 미국의 아폴로 우주비행사들은 달 탐험 때 루나 로버(Lunar Rover)를 사용했다. 시운전은 어디서 했게? 물론 캘리포니아 사막이지. 그 곳은 지구에서 달과 가장 비슷한 지형이다.

# 사막의 보물

사막은 지구상에서 무슨 소용이 있을까? 아무 쓸모 없다고 생각하는 사람도 있을지 모른다. 그러니까 사막은 모래 벌판에 드문드문 바위가 있는 쓸데없는 땅에 불과하다고 말이다. 안 그래? 하지만 보이는 것이 전부가 아니다. 사막의 표면을 파 보면 놀랄걸. 모래 밑에는 아주 유용한 사막의 보물들이 숨어 있다. 어디서 그런 걸 찾아낼지 아는 것이 문제일 뿐이다. 여러분이 삭막한 사막에 있으리라 생각하지 못했던 것들 다섯 가지만 든다면….

1. 생명을 구해 주는 소금

소금은 감자 칩에 뿌려 먹으면 맛있기도 하지만 실제로 여러분의 생명을 구해 줄 수도 있다. 진짜라니까! 믿거나 말거나 여러분이 살아가려면 매일 8순가락의 소금이 필요하다. 소금은 여러분 몸이 제대로 기능하게 해 준다. 보통 우리는 필요한 소금의 대부분을 음식에서 얻는다. 그러나 사막의 바싹바싹 더위 속에서는 많은 소금이 땀으로 빠져나간다. 다행히 사막에는 소금이 많다. 사람들은 수천 년 동안 사막에서 소금을 채굴해 왔다. 소금이 어떻게 생기냐 하면….

- 말라붙은 호수에 약간의 비가 내린다.
- 빗물이 흙에서 소금을 빨아들인다.(사막의 토양은 매우 짜거든.)
- 빗물이 햇볕에 증발한다…
- 생명을 구해 주는 소금층을 두껍게 남기고서.

- 광부들이 긴 막대기로 커다란 소금판을 들어낸다. 이 소금판을 벽돌 모양으로 자른다.

- 소금벽돌이 상인에게 팔려 낙타에 실린 채 사막을 건너가서…
- …소금 시장에 도착한다. 여기서 소금을 팔거나 차, 설탕, 금과 물물교환한다.

이 얘기가 너무 심심하다면 좀더 차분한 치료법이 있지. 물 한 컵에 소금 한 덩어리를 넣어 저은 다음 꿀꺽꿀꺽 마셔라.(빨리 마실 것 — 맛이 별로 거든!)

2. 엄청난 석유

석유는 사막의 가장 귀중한 산물이며 사막 밑에는 엄청난 원유가 있다. 그런데 석유가 어떻게 사막까지 갔을까? 그건 말이지, 아주 옛날 수백만 년 전에 사막은 축축한 숲과 바다로 덮여 있었거든.

이 곳의 식물과 동물이 죽어서 썩은 것들이 암반층 밑에 묻히게 되었다. 암반층에 짓눌린 썩은 것들은 오랜 시간을 거쳐 걸쭉하고 끈끈한 석유가 된다. 됐지? 이제 여러분은 그 석유가 나올 때까지 깊이 땅을 파면 된다. 그런 다음 땅 위로 퍼올린 뒤 송유관을 통해 사막을 가로질러 정유공장으로 보낸다. 우리가 사용하는 석유의 1/4은 바로 아라비아 사막에서 나온 것인데…

바싹바싹 사막 파일

이름 : 아라비아 사막   **위치** : 중동

크기 : 2백6십만 제곱킬로미터

기온 : 더운 여름에는 최고 섭씨 54도, 추운 겨울에는 최저 영하 3도

강우량 : 1년에 100밀리미터 이하

사막 유형 : 고압대 사막

사막 정보 :

- 1930년대 처음 석유가 발견되었다. 덕분에 사우디아라비아 같은 나라들이 엄청난 부자가 되었다.

- 샤말(shamal)이라는 폭풍이 1년에 두 번 불면서 엄청난 먼지와 모래를 날린다.
- 1950년에는 기온이 영하 12도까지 떨어져 얼음과 눈이 몇 센티미터 쌓였다. 덜덜!
- 해마다 수백만 명의 이슬람교도들이 성지인 메카에 가기 위해 이 사막을 지나간다.

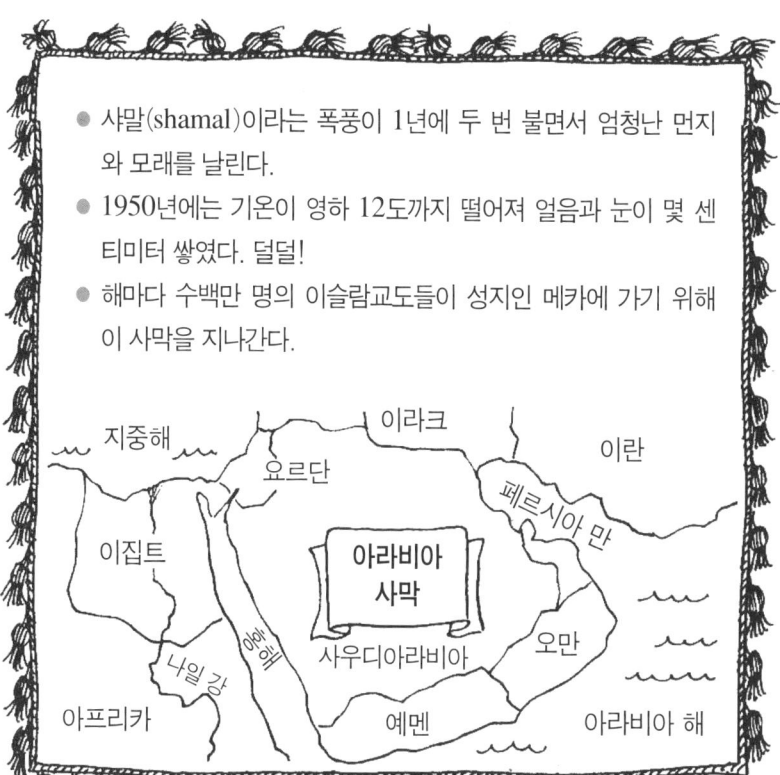

3. 눈부신 다이아몬드

사막에 다이아몬드라니? 너무 좋아서 거짓말 같다고? 직접 확인하고 싶으면 나미브 사막으로 가 보자. 움직이는 모래 언덕 밑에 눈부신 다이아몬드 덩어리들이 숨어 있으니까. 이 다이아몬드들은 수억 년 전, 땅 밑 바위 속에 있던 화학물질인 탄소가 화산이 폭발하는 엄청난 고온에 열을 받아서 생겨난 것이다. 그래, 몇 억 년 전 사막의 모습은 지금과는 달랐거든. 그런 뒤 탄소가 식으면서 다이아몬드가 만들어졌다. 물론 다이아몬드가 처음부터 다 아름답게 반짝이는 건 아니다.(사실, 여러분도 나이가 수억 살이라면 그러지 않을까?) 다이아몬드 원석은 엄청난 무게의 돌과 먼지 밑에 묻혀 있다. 이것을 파내어 가공 공장에 보내면 멋진 보석들을 만들어 내는 것이다. 그런데 다이아몬드만 있는 건 아니다. 금(금을 찾아 사막에 갔던 파블로 발렌시아의 얘기를 기억하지?), 은, 오팔, 구리와 철 등도 모두 사막에서 발견된다.

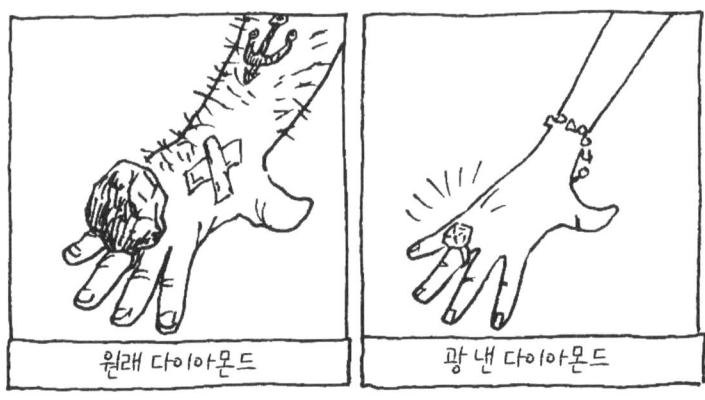

원래 다이아몬드 　　　광 낸 다이아몬드

4. 반짝이는 유리

다이아몬드를 찾지 못한다 해도 실망할 건 없다. 대신 아름답게 반짝이는 유리 덩어리는 어떨까? 그만큼 예쁘면서도 비싸지 않을 테니까. 사하라 일부의 모래는 연두색 유리 덩어리들로 덮여 있다.(축구공만큼 큰 덩어리들도 있다.) 과학자들은 사하라 전체에 이런 물질들이 1,400톤이나 있을 걸로 보고 있다.(그러니 작은 덩어리는 없어져도 모를걸.)

그런데 이 유리 구슬들이 어디서 나왔을까? 한 가지 이론에 따르면 수백만 년 전, 거대한 운석이 지구에 충돌하면서 수많은 모래가 녹아 버렸는데, 이 모래가 식으면서 단단한 유리가 되었다는 것이다. 그럴듯하지!

5. 짜릿짜릿 전기

사막에서 얼마든지 많은 게 있다면 햇빛이다. 햇빛은 거의 하루 종일 여러분 얼굴을 비춘다. 뜨겁지만 햇빛 역시 굉장히 유용하다. 어떻게? 태양에너지 발전소에서 태양전지(여러분이 쓰는 태양에너지 계산기에 있는 것과 비슷하다.)에 흡수된 햇빛이 전기로 바뀌는 것이다.

이 전기는 지하에서 물을 퍼올리거나 가정에서 물을 데우는 데 쓰인다. 싸고 오염도 없고 바닥날 염려도 없다. 지루한 지리학자들이 아무리 실컷 써도 남는다! 세계에서 가장 큰 태양열 발전소는 캘리포니아의 모하비 사막에 있다.

★ 요건 몰랐을걸!

예술을 좋아하는 사람은 사막으로 떠나라. 페루의 나스카 사막으로. 이 사막은 5,000년 전에 그려진 줄무늬와 동물 그림으로 덮여 있다.(잘 보려면 산꼭대기에 올라가야 한다. 엄청나게 큰 그림이거든.) 그 그림이 왜 거기 있는지는 아무도 모른다. 일부 전문가는 점을 치는 데 썼던 거대한 점괘라고 말한다. 일부는 외계 우주선의 활주로였다고도 한다. 으스스하지.

여러분의 사막은 얼마나 푸를까?

여러분은 바싹바싹 사막에 풍성한 푸른 들판이 있다고는 전혀 생각지도 못했을 것이다. 하지만 아주 오랜 옛날부터 농부들은 사막에서 작물을 키워 왔다. 그럼 어떻게 하면 바싹 메마른 사막을 푸르고 기름진 농토로 바꿀 수 있을까?(이것을 유식하게 '관개'라고 한다.) 답은 이미 눈치챘겠지만 물이다! 양동이로 끝

없이 퍼부을 물 말이다. 그런데 사막에 물 붓기라니, 말이야 쉬운 법이지. 여러분이 사막의 농부라면 밭에다 어떻게 물을 대는 게 좋을까?

어떤 방법이 가장 좋을지 결정하고 150쪽과 151쪽의 답과 맞춰보도록. 그럼 샌디가 여러 가지 물 대는 방법을 소개한다.

1. 카나트(qanat)를 판다. 카나트란 지하 깊숙이 뚫은 인공 수로를 말한다. 그 원리는 이렇다.

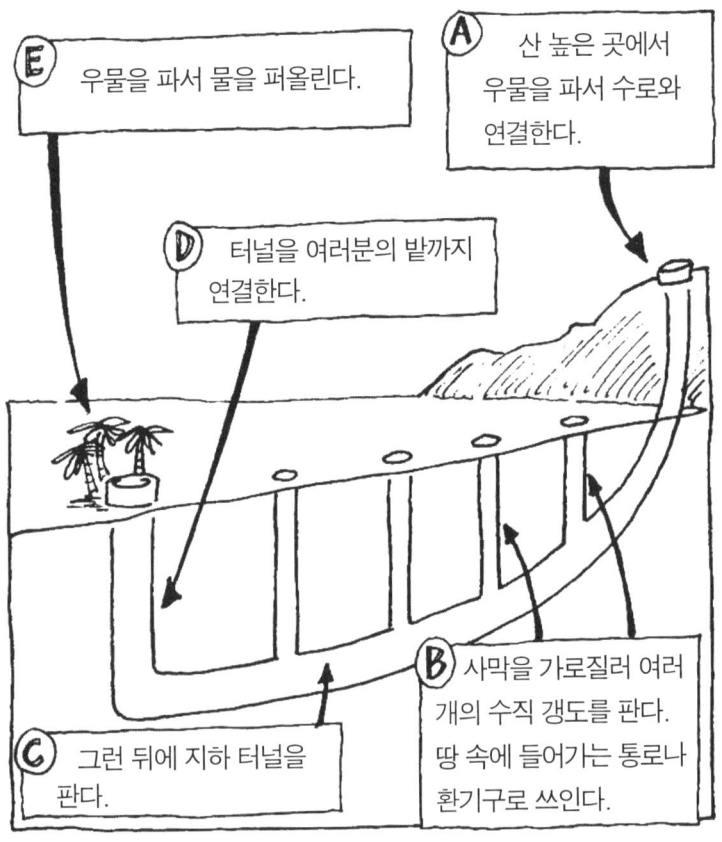

2. 벽을 쌓는다. 이스라엘의 네게브(Negev) 사막에는 비가 거의 내리지 않는다.(네게브는 '건조하다' 는 뜻이다.) 그래서 농부들은 아무리 적은 비라도 최대한 활용해야 한다. 이들은 밭 주위로 낮은 돌담을 쌓는다. 이 돌담으로 가둔 물이 도랑을 통해 밭으로 흘러든다.

3. 밭을 비닐로 덮는다. 또 네게브 사막 얘기지만 종종 밭이 비닐로 뒤덮인 것을 볼 수 있다! 아니, 절대로 미친 짓이 아니다. 이 비닐은 작물에 물을 제대로 공급하기 위해 씌워 놓은 것이다.

4. 거대한 스프링클러를 사용한다. 리비아의 사하라 사막에 사는 농부들은 거대한 회전 스프링클러로 밭에 물을 준다. 이 스프링클러엔 기다란 장대가 붙어 있는데 시계바늘처럼 똑 딱 거리면서 밭을 돌아간다. 여기엔 깊은 지하에서 퍼낸 물이 사용된다.

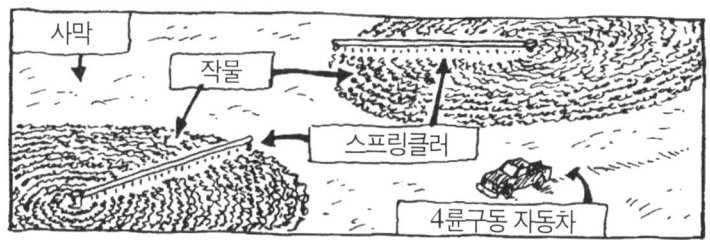

1. 이걸 선택한 다른 동지들도 많답니다.
이 기발한 관개법은 7,000년 전 고대 페르시아인들이 처음으로 사용했어요. 이 방법의 최대 장점을 알고 싶으시죠? 물이 땅 밑을 흐르기 때문에 증발하지 않고 항상 차갑답니다. 시원하다는 얘기죠. 사실 카나트는 워낙 훌륭한 방법이라 지금도 이란이나 중동, 중국에서 많이 쓰이고 있어요.

어쩌구 저쩌구, 점심은 언제 줘?

2. 이것 또한 검증된 방법이라 해 볼만하죠. 언제나 그렇듯 오래된 것이 가장 좋은 법이니까요. 이 방법은 2,000년 전에 처음 고안되었죠. 최근에 사막을 푸르게 가꾸려는 농부들이 다시 부활시켰어요. 사실 이 방법으로 놀라운 성공을 거두어서 농부들은 복숭아나 아몬드, 밀, 토마토를 재배할 수 있게 되었죠.

3. 간단하지만 성공적인 해결책이죠. 방법은 땅 위에 기다란 파이프를 놓고 거기 나란히 작물을 심는 거예요. 그리고 전체를 비닐로 씌우는 거죠. 그런 다음 파이프를 따라 계속해서 물을 조금씩 흘려서 작물 뿌리를 적시는 거예요. 비닐은 왜 필요하냐구요? 그거야 햇빛에 물이 증발하지 않게 막기 위해서죠.

4. 아주 좋은 방법이에요. 고무 호스나 물뿌리개는 잊어버리세요. 농부들은 아주 세련된 이 스프링클러를 사용해서 폭이 800미터나 되는 밀밭을 가꾼답니다. 밭은 모래 위에 놓인 거대한 초록 접시 같죠. 전체 시스템이 컴퓨터로 작동돼요.

그렇다면 어느 방법이 가장 좋을까? 실은 모두가 다 좋다! 이제 여러분은 먼지 나는 사막을 옥토로 바꾸었으니 어떤 작물을 가꾸면 좋은지 알아봐야겠는데….

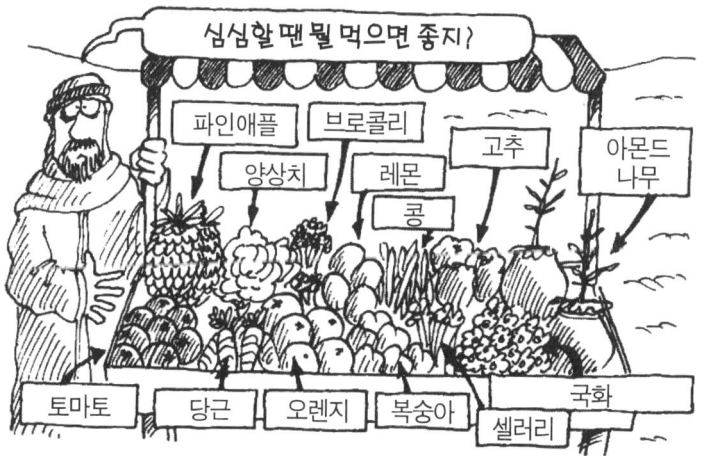

★ 요건 몰랐을걸!

'돈은 나무에서 열리지 않는다'는 말은 들어 봤겠지? 글쎄, 돈은 안 열릴지 몰라도 플라스틱은 열린다. 정말이다! 그건 바로 사막의 야생화(그래, 사실 나무는 아니지만) 팝위드(popweed)라는 식물 얘기이다. 이 풀의 기름기 많은 수액은 플라스틱으로 가공해 장난감이나 신발, 자동차 부품을 만드는 데 쓰인다. 여러분도 한 떨기 정도 심어 볼 만하지 않은지?

바싹바싹 사막의 도시

언제나 햇빛 화창하고, 신선한 공기가 가득하며, 사방이 시원하게 트인 곳에 살고 싶지 않은지? 그렇다면 사막은 어떨까?

여러분은 사막을 빠져 나가고 싶어 안달일지 모르지만 기꺼이 사막으로 이사가겠다는 사람들은 얼마든지 많다. 미국 애리조나 주의 피닉스를 예로 들까? 이 곳은 바싹 건조한 소노란 사막의 바로 한가운데에 자리잡고 있다.

특히 미국과 오스트레일리아에는 이와 같은 도시들이 사막 곳곳에 생겨나고 있다. 이런 도시를 운영하기 위해서는 1년에 약 2877억 리터의 물이 필요하다. 양동이로 셀 수 없을 만큼 많은 물이! 그런데 이 많은 물이 다 어디서 나올까? 일부 도시에서는 지하수를 끌어올려 사용한다. 또 멀리 떨어진 강에서 끌어다 쓰는 도시들도 있다.

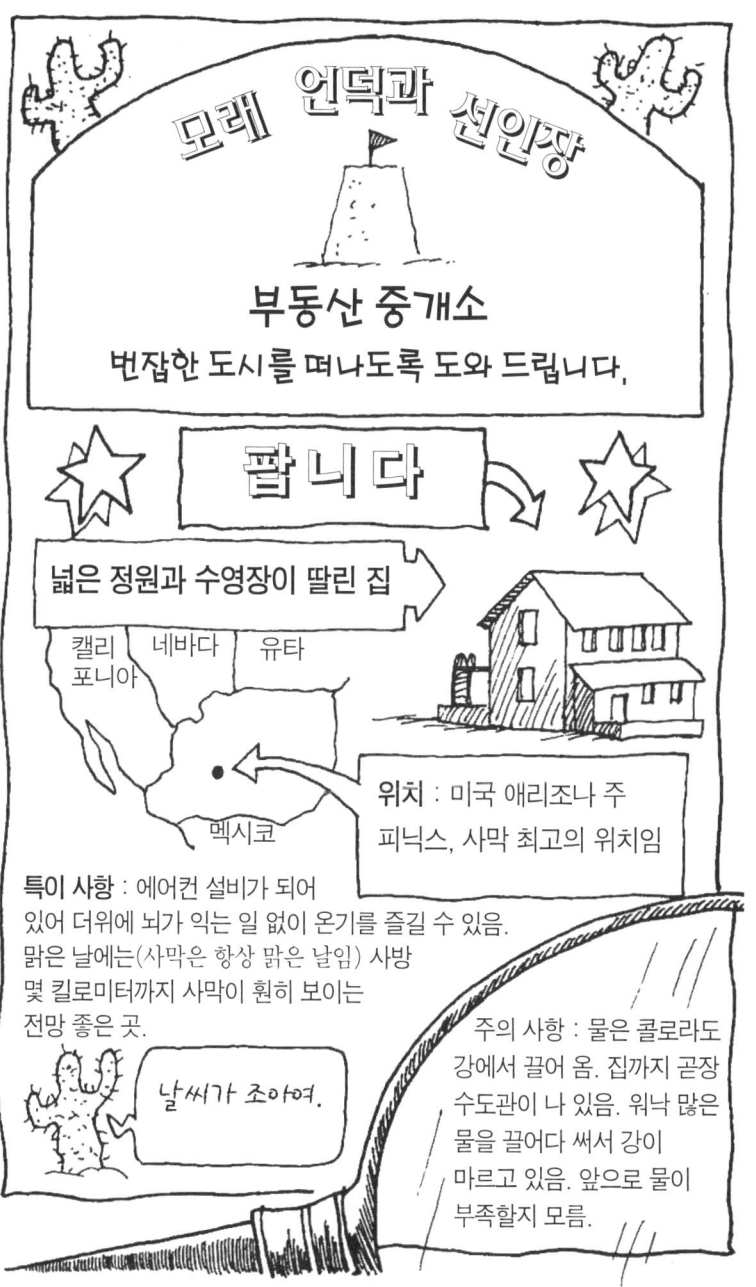

사막에서 사는 것이 요즘처럼 쉬운 때도 없었다. 그런 한편 치러야 할 대가가 너무 크다. 마르고 있는 것은 강뿐만이 아니다. 헤픈 사람들이 지하수를 물 쓰듯 써 버려서 지하수도 얼마 후면 말라 버릴 것이다. 그런데 그런 지하수 중 일부는 수천 년 동안 거기 있었던 물이다. 그걸 다시 채우려면 앞으로 수천 년은 더 걸릴 것이다. 그러니 여러분이 샤워를 하려면 한참을 더 기다려야 할 지도 모른다. 부끄러운 일이다. 그런데 단지 이것뿐이 아니라….

위기의 사막

물이란 물을 다 써 버린다는 것은 큰 문제다. 그런데 사막은 더욱 중요한 문제에 부딪치고 있다. 사막이 이동하는 것 같다! 전 세계에 걸쳐 사막은 더욱 넓어지고 있다. 여러분은 별로 큰 문제가 아니라고 생각할지 모르겠다. 그러니까 '사막이 좀더 넓어진다고 뭐가 달라져요?' 하는 친구들이 있을 것이다.

그래, 사막 입장에서는 문제될 게 없지. 하지만 세계의 몇몇 사막 언저리에 살고 있는 사람들에게는 그것이 절박한 문제일 수도 있다. 사막을 기름진 농토로 바꾸는 일은 엄청나게 돈이 많이 드는 사업이다.

사실 많은 사람들은 사막 언저리의 밭에서 겨우겨우 살아가고 있다. 그러나 사막이 점점 커져서 이 밭들이 쓸모 없는 땅으로 변한다면 이 사람들은 작물을 키울 밭을 잃어버린다. 또 작물을 키우지 못하면 식량도 없어진다. 그것은 바로 재난으로 이어진다.

삭막한 사막화

그런데 도대체 왜 사막의 경계가 점점 넓어지는 걸까? 이 무시무시한 확장을 일으키는 요인이 무엇일까? 그 문제는 끔찍한 지리학자들도 의견의 일치를 보지 못하고 있다. 그래서 우리는 샌디를 보내 몇 가지 답을 알아보도록 했다….

'사막이 넓어진다'는 말은 별로 유식한 말 같진 않은데요?

그래, 그렇진 않아. 끔찍한 지리학자들은 그걸 전문용어로 '사막화'라고 하지. 따분한 말이긴 해도 그 뜻은 알 거야. 지리학자들은 이 말이 '사막이 되어 간다'는 뜻이라는 데는 동의하지. 거기까지는 괜찮아. 그런데 그 밖의 모든 것에는 의견이 다르단다.

그렇군요. 그럼 사막화란 정확히 뭐죠?

대부분의 지리학자가 말하는 건 이래. 이런저런 이유로 사막 경계에 있는 땅이 바람에 쉽게 날리고 어쩌다 쏟아지는 비에도 쉽게 씻겨 내려가는 먼지땅이 된다는 거야.

그런 일이 자연적으로 벌어지나요?

그래, 그럴 수 있어. 태양을 도는 지구의 궤도(지구가 태양을 도는 길)가 조금만 바뀌어도 지구의 기후가 변할 수 있지. 기후가 평소보다 바람이 많고 건조해지면 문제가 생기지. 땅이 건조해져서 먼지가 되고, 그 다음은 너도 알 거야.

사람들이 문제를 악화시킨 걸까요?

불행히도 그래. 농사를 짓느라 똑같은 땅을 계속해서 혹사시키면서 땅이 힘을 회복할 시간을 주지 않았어. 또 많은 양과 염소들은 풀을 너무 많이 먹어 버렸고, 사람들은 땔감으로 너무 많은 나무를 베어 버렸지.

그런데 그것이 어떻게 사막을 만든다는 거죠?

작물은 땅에서 영양분을 빨아들여서 땅을 메마르고 죽게 만들지. 알겠니? 또 흙을 서로 잡아주는 풀이나 나무 뿌리가 없으면 흙은 바람에 금방 날려 버려. 게다가 흙이 물을 빨아들이지 못하고 물에 씻겨 버리고. 그럼 사막이 되는 거야.

그럼 사람들이 잘못한 거네요.

그렇기도 하고 아니기도 해. 사람들은 농사를 지을 수밖에 없어. 그러지 않으면 굶어 죽으니까. 하지만 인구가 워낙 빠르게 증가해서 땅이 그 부담을 당해낼 수가 없어. 문제는 밭이 사막으로 변하면 결국 사람들은 굶어 죽겠지. 악순환의 계속이야.

얼마나 많은 땅이 새로 사막이 되는데요?

일부 지리학자들은 날마다 100제곱킬로미터의 땅이 사막이 된다고 한단다!(대략 축구 경기장 10개 크기 만하지.) 9백만 명을 재앙으로 몰아 넣을 크기야. 세계 인구의 1/6 정도를.

엄청나네요. 그럼 어디가 가장 위험해요?

그건 전 세계적인 문제란다. 하지만 아프리카의 일부 지역은 더 위험해. 특히 사하라 남부 경계의 사헬이란 지역이. 이 경우엔 인간의 행위와 자연 요인이 대규모 비극을 불러 왔단다.

1984~1985, 아프리카 사헬

 1984년부터 1985년 사이 사헬(Sahel) 주민들은 아프리카에 닥친 사상 최악의 가뭄에 시달렸다. 이 지역은 평소 세계에서도 비가 가장 적게 내리는 곳이다. 그러나 올해는 비가 한 방울도 내리지 않았다. 물이 없으니 땅은 급속도로 먼지가 되어 버렸다. 농부들은 귀중한 작물이 말라 죽어 가는 것을 속수무책으로 바라볼 뿐이었다.

 이들이 할 수 있는 일은 아무것도 없었다. 그러나 더 나쁜 일이 다가오고 있었다. 먹을 양식이 없게 되자 사람들이 하나 둘씩 굶어 죽기 시작하는 것이었다. 극심한 기근으로 거의 백만 명이 굶어서, 또는 병에 걸려 죽었다. 에티오피아에서만도 가축의 절반 정도가 굶어 죽었다. 사헬 전체에 걸쳐, 절박해진 사람들이 식량과 물을 찾아 집과 밭을 버리고 떠났다. 수백만 명이 이들을 돕기 위해 설치된 난민촌과 보급소로 들어갔다. 더러 며칠씩 걸어온 사람들도 있었다. 이들은 집도 없이 굶주리고 있었으며 겁에 질려 있었다. 무엇보다 끔찍한 것은 이들의 악몽이 얼마나 지속될지 아무도 모른다는 사실이었다.

 사헬이란 해안을 뜻하는 말이다. 그러나 바닷가에서 볼 수 있는 그런 해안이 아니라 바다처럼 넓은 사하라 사막 남쪽 경계선과 나란히 있는 땅을 말하는 것이다. 사헬은 아프리카 서해안의 세네갈과 모리타니에서 동부의 수단과 에티오피아까지 500킬로미터 뻗어 있으며 아프리카 면적의 1/5을 차지하고 있다.

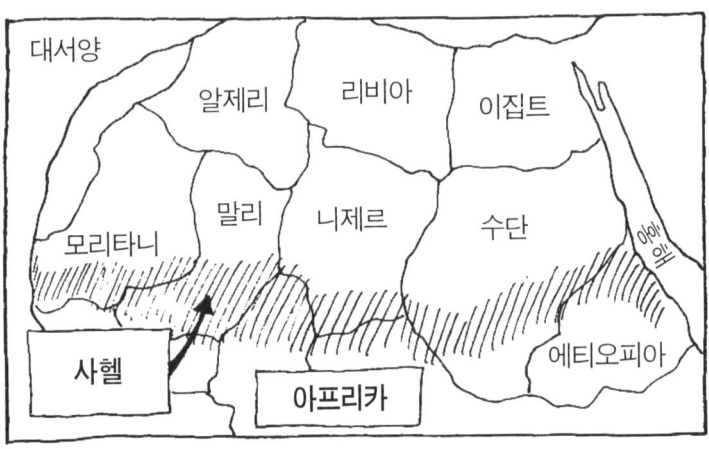

1년 중 여덟 달, 10월에서 6월까지 사헬은 바싹 메마른 건기이다. 그러나 6월에서 9월까지는 비가 약간 내리는 우기이다. 보통은 이 시기에 농부들이 농사를 짓고 가축을 키울 정도의 비가 내린다. 보통은 그렇다. 그러나 그 당시는 아니었다. 당시에는 비가 전혀 오지 않았다. 그리고 그 때문에 재앙이 일어났다. 이것이 처음은 아니었다. 이미 1960년대와 1970년대에도 살인적인 가뭄이 사헬 지역을 덮친 적이 있었다.

그렇다면 왜 이런 끔찍한 비극이 벌어지는 것일까?
- 가뭄이란 간단히 말해서 비가 내리지 않는 것이 몇 달, 심지어 몇 년 계속되는 현상이다. 사막에서는 흔히 일어나는 일이다. 문제는 가뭄이 예상 밖에, 또는 평소보다 오래 계속될 때 시작된다. 그렇게 되면 재난이 닥칠 수 있다.
- 사헬 주민들은 지난 40년 동안 종종 가뭄에 시달렸다. 그렇

다면 가뭄이 그렇게 자주 일어나는 이유는 무엇 때문일까? 일부 지리학자들은 대서양(사헬 서쪽 끝에 있음) 때문이라고 한다. 어떻게 바다가 원인이 될 수 있냐고? 바다가 기온을 떨어뜨리기 때문이다. 바다가 평소보다 차가워지면 공기 중으로 올라가는 수분이 적어지고, 따라서 비구름이 만들어지지 않는다.

그럼 바다가 종종 차가워지는 이유는 뭘까? 사실 그건 아무도 모른다.

- 또 다른 요인은 사람들이다. 지난 50년 동안 사헬의 인구는 아주 빠른 속도로 불어났다. 몇 년 동안은 비가 아주 많이 왔기 때문이다. 먹을 입이 많아지자 농부들은 더 많은 작물을 더 빨리 재배해야 했다. 이것이 땅에 부담을 주게 되었다. 지력을 회복할 시간이 없었다. 과거에는 다시 농사를 짓기까지 15~20년은 땅을 놀리곤 했다. 지금은 5년 안에 다시 농사를 짓는다.
- 여기서 그치지 않는다. 우리는 좀더 편하게 살기 위해서 기술을 사용한다. 그러나 사헬에서는 이것이 사태를 악화시켰다. 사람들은 새로운 장비로 우물을 더 깊게 팔 수 있었다.

그것은 곧 더 많은 가축을 기를 수 있었다는 얘기가 된다. 가축들은 모든 식물을 먹어치웠고 따라서 땅은 메말라 갔다.

그 다음은 여러분도 알겠지. 사헬에서 살려면 아주 미묘한 균형을 유지해야 한다.
- 땅이 먼지더미로 변하고 바람에 날리면, 먼지들은 어디로 갈까? 물론 대기 중으로 올라가겠지.

대기 중에 올라간 먼지는 역시 비 올 확률을 떨어뜨린다. 어떻게 그렇게 되냐구? 목이 메이는 두꺼운 먼지 덩어리들 때문에 공기가 제대로 순환하지 못한다. 따라서 공기가 식지 않으니 구름으로 엉길 수 없게 되는 것이다. 결국 가뭄 도중에 먼지가 날리는 것조차 문제를 악화시키는 것이다. 정말 절망적이다, 진짜로.

★ 오싹오싹 건강 경고

말라 가는 것은 사막뿐이 아니다. 아랄 해도 마르고 있다.(실은 아랄 해는 진짜 바다가 아니다. 내륙 염호, 즉 소금물 호수인데 그냥 바다라고 부르는 것이다. 알겠지?) 이 아랄해는 투르키스탄 사막 한가운데 자리잡고 있다. 지난 14,000년 동안 아랄 해에는 두 개의 커다란 강이 흘러들어 그 물을 채우고 있었다. 그런데 지금은 사정이 달라졌다. 관개와 식수를 위해 이 두 강에서 많은 물을 끌어올려 쓰기 때문에 아랄 해가 줄어들고 있는 것이다. 1960년에서 1990년 사이 아랄 해의 크기는 반으로 줄어들었다. 그리고 지금도 계속 줄어들고 있다. 지금 남아 있는 물은 너무 짜서 물고기가 살지 못한다. 따라서 한때는 고기잡이배로 붐비던 항구들도 지금은 물과는 몇 킬로 떨어진 호숫가에서 꼼짝 못하는 신세가 되었다.

바싹바싹 사막 파일

이름 : 투르키스탄 사막
위치 : 중앙 아시아
크기 : 4십5만 제곱킬로미터
기온 : 더운 여름에는 최고 섭씨 49도, 추운 겨울에는 최저 영하 42도
강우량 : 1년에 70~150밀리미터
사막 유형 : 내륙 사막
사막 정보 :

- 사실은 두 개의 사막으로, 카라쿰(검은 모래)과 키질쿰(붉은 모래)으로 이루어져 있다.
- 드문드문 타키르스(takyrs)라고 하는 점토층이 드러나 있는데, 이 흙은 물을 모으는 데 쓴다. 다시 말해서 농부들이 사막 한가운데에서 멜론이나 포도 같은 과일을 기를 수 있다는 얘기.
- 카라쿰의 90퍼센트는 회색의 모래 언덕들이 가로 세로로 늘어서 있는데, 이런 모래 언덕들이 몇백 킬로미터나 이어진다.
- 3천만 년 전에는 이 사막 전체가 염호로 덮여 있었다.

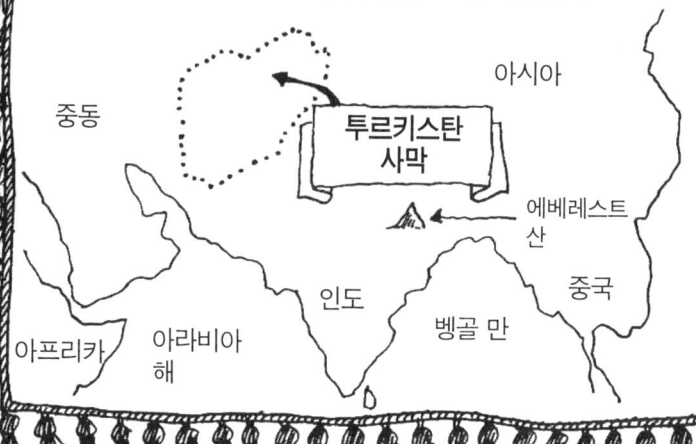

사막의 발길을 막아라

사막은 굉장히 예민하다. 한 번만 잘못해도 우리가 알아차리기 전에 이미 손쓸 수 없는 사막의 재앙이 닥치게 된다. 과연 미래는 이렇게 암울하고 어둡기만 할까? 사막은 정말 넓어지는 것일까? 사막을 도로 밀어내기 위해 어떤 일들이 이루어지고 있을까? 좋은 소식은 이런 재앙을 막기 위해 사람들이 최선을 다하고 있다는 것이다. 전 세계의 사막 주민들은 사막의 발을 묶기 위해 열심히 애쓰고 있다. 그러나 그건 무척 힘들고 돈도 많이 드는 반면, 많은 사막 국가들은 매우 가난하다. 이들은 사막의 발길을 되돌리기는커녕 식량에 쓸 돈도 부족하다. 절망적인 딜레마가 아닐 수 없다. 이 사람들이 시험하고 있는 몇 가지 방법을 소개한다.

1. 나무 심기

나무 뿌리는 흙을 붙잡아 주어 쉽게 날리지 않게 막아 준다. 억센 풀들도 효과가 좋다. 더욱이 나무는 거센 바람을 잔잔하게 해 주는 바람막이 구실도 해 준다. 지난 10년에 걸쳐 에티오피아 국민들은 억센 유칼립투스와 아카시아 나무를 5억 그루나 심어 왔다. 참으로 엄청 삽질했지.

2. 흙막이 돌

아프리카에서는 농부들이 밭을 가로질러 돌을 나란히 줄지어 놓는다. 이 돌들이 빗물에 흙이 쓸려 내려가는 것을 막아 준다. 간단하지만 기발하다. 불과 몇 년만에 두 배의 수확을 거두게 되고 가뭄이 닥칠 때를 대비해 곡식을 더 저장할 수도 있게 된다.

3. 똥의 재활용

사막 주민들이 사막을 다시 옥토로 바꾸기 위해 쓰는 또 하나의 전통적인 방법이다. 여러분도 해 보면 어떨까?

준비물 :
- 소똥 약간
- 삽 한 자루
- 풀씨 약간
- 빨래집게

실험 방법 :

① 땅에 반원형으로 구덩이를 판다.(반원형이 가장 효과가 좋은 것 같으니까. 그렇다고 너무 까다롭게 굴 필요는 없다.)

② 구덩이를 소똥으로 채운다.(바로 이 때 빨래집게가 있으면 좋다.)

③ 소똥 위에 풀 씨를 뿌린다.

④ 몇 달 동안 기다린다.(냄새는 금방 익숙해진다.)

예상 결과 :

깨끗하고 따뜻한 소똥에 물이 엉겨붙으면서 풀 씨에서 싹이 난다. 얼마 후 모래는 풍성하고 푸른 풀로 뒤덮인다. 그런데 이 것은 여러분의 소 먹이로 아주 좋다!(그리고 몇 시간 기다린 후 다시 삽을 들고 구덩이를 판다.) 참, 빨래집게 빼는 걸 잊지 않도록.

4. 멍석 깔기

고비 사막에서는 사람들이 모래 언덕 위에 짚으로 만든 멍석을 군데군데 덮어 두어 모래 언덕이 슬쩍슬쩍 움직이는 걸 막는다. 멍석은 체스판의 네모처럼 사방에 놓여 있다. 이것이 바람막이 역할을 하게 되므로 바람은 모래를 불어 날릴 힘이 없어진다.

5. 기름치기

사우디아라비아에서는 움직이는 모래 언덕이 농장이나 마을을 삼켜 버리고 중요한 송유관을 막아 버린다. 그렇다면 어떤 대책이 있을까? 한 가지 방법은 모래에 석유를 뿌리는 것.(물론 송유관이 막히지 않았을 때 얘기지만.) 이것이 가장 빠르고 값싼 방법으로 석유가 모래를 봉해서 움직이지 않게 해 준다. 완벽한 해결책 같다고? 그런데 문제가 딱 하나 있다. 불행히도 석유는 소중한 나무와 식물까지 죽여 버리거든. 나무와 식물은 여러분에게 가장 필요한 게 아닌가. 그래도 살아날 만큼 억센 식물이 있을까? 글쎄, 굳이 찾는다면 한 가지 있기는 한데….

★ 요건 몰랐을걸!

진짜 나무가 맥을 못 춘다면 플라스틱 야자수 몇 그루를 심어 보도록. 그래, 플라스틱 나무 말이다. 이것은 진짜 나무와 똑같이 생겼지만 물을 줄 필요가 없으니 아주 좋겠지. 그런데 가짜 나무를 심어서 어떻게 사막을 물리친담? 이론상으로는 이 가짜 나무들이 밤사이 가지와 줄기에 수분을 잡아두었다가 낮이 되면 서서히 수분을 배출하게 된다. 몇 년이 흐르면 이것이 기후를 식히는 효과를 불러와서 결국 (진짜로) 비구름이 만들어질 수도 있다. 효과가 있을까? 그건 아무도 모르는 일이다.

모래 같은 미래?

그럼 사막은 정말 이동하고 있을까? 아니면 그것은 또 하나의 신기한 신기루에 불과한 걸까? 전문가들은 틀림없이 이렇게 말할 것이다. 그 답이 신속하게 또는 간단히 나올 걸로 기대하지 말라고. 지루한 지리학자들은 좀처럼 눈을 마주치면서 똑바로 말하는 법이 없다. 다음의 두 가지 예를 들어 보자. 이들은 계속해서 모래만 보면서 말하고 있다. 결국 그 답은 여러분이 마음먹기에 달린 것이다.

내 말뜻을 알겠는지? 정말 지리학자들은 구제불능이지? 여기서 그치는 게 아니다. 또 어떤 전문가들은 사하라 사막이 조금도 커지고 있지 않다고 주장한다. 그들 말로는 오히려 줄어들고 있다는 것이다! 그들은 증거로 사진(위성 카메라로 찍은 사진)을 제시한다.

정말 그렇다. 혼란스럽지? 사실 여러분의 두뇌가 익어버릴 만큼 복잡한 문제다. 그러나 이것이 바로 여러분이 알아내야 할 지리학이다. 미리 결정되거나 예측 가능한 것은 하나도 없다. 여러분은 다음 사막에서 뭐가 나올 건지는커녕 다음 모퉁이를 돌면 뭐가 나올지도 알 수 없는 것이다. 바로 그것이 지리가 오싹하도록 신이 나는 이유이다.

앗, 시리즈 (전 70권)

수많은 교사와 학생들이 한눈에 반한 책.
전 세계 2천만 독자의 인기를 독차지한 〈앗, 시리즈〉는 수학에서부터 과학, 사회, 역사까지, 공부와 재미를 둘 다 잡은 똑똑한 학습교양서입니다.

수학
01 수학이 모두 모여 수군수군
02 수학이 수리수리 마술이
03 수학이 수군수군
04 수학이 또 수군수군
05 수학이 자꾸 수군수군 1. 셈
06 수학이 자꾸 수군수군 2. 분수
07 수학이 자꾸 수군수군 3. 확률
08 수학이 자꾸 수군수군 4. 측정
09 대수와 방정맞은 방정식
10 도형이 도리도리
11 섬뜩섬뜩 삼각법
12 이상야릇 수의 세계
13 수학 공식이 꼬물꼬물
14 수학이 꿈틀꿈틀

과학
15 물리가 물렁물렁
16 화학이 화끈화끈
17 우주가 우왕좌왕
18 구석구석 인체 탐험
19 식물이 시끌시끌
20 벌레가 벌렁벌렁
21 동물이 뒹굴뒹굴
22 화산이 왈칵왈칵
23 소리가 속삭속삭
24 진화가 진짜진짜
25 꼬르륵 뱃속여행
26 두뇌가 뒤죽박죽
27 번들번들 빛나리
28 전기가 찌릿찌릿
29 과학자는 괴로워?
30 공룡이 용용 죽겠지
31 질병이 지끈지끈
32 지진이 우르콰광
33 오싹오싹 무서운 독
34 에너지가 불끈불끈
35 태양계가 티격태격
36 튼튼탄탄 내 몸 관리
37 똑딱똑딱 시간 여행
38 미생물이 미끌미끌
39 의학이 으악으악
40 노발대발 야생동물
41 뜨끈뜨끈 지구 온난화
42 생각번뜩 아인슈타인
43 과학 천재 아이작 뉴턴
44 소름 돋는 과학 퀴즈

사회 · 역사
45 바다가 바글바글
46 강물이 꾸물꾸물
47 폭풍이 푸하푸하
48 사막이 바싹바싹
49 높은 산이 아찔아찔
50 호수가 넘실넘실
51 오들오들 남극북극
52 우글우글 열대우림
53 올록볼록 올림픽
54 와글와글 월드컵
55 파고 파헤치는 고고학
56 이왕이면 이집트
57 그럴싸한 그리스
58 모든 길은 로마로
59 아슬아슬 아스텍
60 잉카가 이크이크
61 들썩들썩 석기 시대
62 어두컴컴 중세 시대
63 쿵쿵쾅쾅 제1차 세계 대전
64 쾅쾅탕탕 제2차 세계 대전
65 야심만만 알렉산더
66 위풍당당 엘리자베스 1세
67 위엄가득 빅토리아 여왕
68 비밀의 왕 투탕카멘
69 최강 여왕 클레오파트라
70 만능 천재 레오나르도 다 빈치

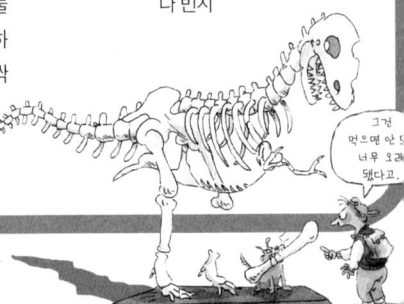